老板财税课

每天学点企业财税常识

陈曦　邓建平◎著

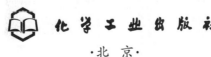

化学工业出版社

·北京·

内 容 简 介

《老板财税课：每天学点企业财税常识》是一本专为中小企业老板量身定制的财税知识学习用书。本书通过生动有趣的语言和浅显易懂的案例，系统介绍了财务管理和税务常识，帮助老板们快速掌握公司运营中的核心财务要素。

全书分为三大部分，首先介绍了基本的财务知识，包括公司资产、负债、所有者权益，以及收入、成本和利润的构成；其次详细讲解了增值税、企业所得税、印花税、消费税等税务常识，以及税务筹划和优惠政策；最后通过解读资产负债表、利润表、现金流量表等财务报表，教会老板们如何分析公司的财务状况、盈利能力和偿债能力。

本书旨在提升老板的财务能力和风险意识，使其能够在日常经营中做出更加明智的决策，确保企业稳步发展。本书语言风趣，内容实用，是中小企业老板学习财税知识的理想选择。

图书在版编目（CIP）数据

老板财税课：每天学点企业财税常识 / 陈曦，邓建平著. -- 北京：化学工业出版社，2025. 2. -- ISBN 978-7-122-46891-8

Ⅰ. F279.243；F812.423

中国国家版本馆 CIP 数据核字第 2024PR9939 号

责任编辑：刘　丹　　　　　　　装帧设计：仙境设计
责任校对：刘曦阳

出版发行：化学工业出版社（北京市东城区青年湖南街 13 号　邮政编码 100011）
印　　装：大厂回族自治县聚鑫印刷有限责任公司
710mm×1000mm　1/16　印张 13¼　字数 150 千字　2025 年 2 月北京第 1 版第 1 次印刷

购书咨询：010-64518888　　　　　售后服务：010-64518899
网　　址：http://www.cip.com.cn
凡购买本书，如有缺损质量问题，本社销售中心负责调换。

定　　价：78.00 元

随着社会的不断进步，财务管理已逐渐成为企业管理的核心环节。在国内，许多中小企业的领导者起初都是从营销领域起步，对财务知识的了解相对匮乏。笔者在投资公司工作的经历中，常有老板满怀激情地前来寻求融资，他们能滔滔不绝地阐述资金的使用规划，但一旦问及资金能支撑多久，便往往语塞。这并非他们故意回避问题，而是因为在资金从预算到投入，再到回笼的整个流程中，他们仅熟悉与业务直接相关的部分，对于其他环节则知之甚少。

企业经营的根本目的是营利，而"钱财"二字紧密相连，凸显了营利与财务管理的密不可分。只懂经营而不懂财务，无疑会给企业的发展埋下隐患。例如，当看到财务报表显示公司收入持续增长，但最终利润却为负时，老板们可能会感到困惑不解。当企业迎来行业风口，想要扩大规模时，却发现资金总是难以精准投放到最需要的地方。又或者，企业税负沉重，一年到头辛苦赚来的钱大部分用于缴税，让人不禁质疑公司存续的意义。虽然这些问题在很多人看来应由财务部门负责解决，但作为一名优秀的领导者，仅仅依赖财务部门是不够的。作为公司的所有者和决策者，如果对公司的财务命脉只知其皮毛而不知其本质，长此以往，后果将不堪设想。

为何说财务是企业的命脉？因为企业在日常运营中，超过七成的风险都源自财务风险。因此，老板们需要在适当的时候学会抓大放小——这里的"大"指的是财务，"小"指的是业务。老板的财务能力和意识，是企业稳步走向成熟和稳定的最可靠保障。财务能力，意味着老板需要具备基本的财务知识，能够解读财务数据，通过财务报表分析企业存在的问题，并明确每个阶段的问题所在及解决方案。而财务意识，则要求老板建立高度的风险预警机制，未雨绸缪，明确哪些事情可以做、哪些必须做、哪些坚决不能做。

财务并非一项孤立的工作，而是涵盖预算、核算、报税、风险管控、辅助决策等一系列相互关联的环节，构成了一个完整的体系。这个体系在企业的运营中发挥着至少四个方面的关键作用：控制资金成本、管理利润分配、调整资本结构、筹划减轻税负。

本书以企业常见的财务问题为例，详细阐述了老板应如何正确看待和解决这些问题。全书共分为三部分：第一部分介绍了基本的财务知识，包括公司的资产、负债、所有者权益，以及收入、成本和利润；第二部分阐述了基本的税务知识，如增值税、企业所得税、个人所得税、消费税等；第三部分则深入解析了财务报表中的各项指标，如流动资产、流动负债等，并介绍了如何通过财务报表来分析和评估企业的经营状况，如盈利能力、偿债能力等。

本书语言风趣幽默，知识内容浅显易懂，非常适合从零开始学习财务的经营者。例如，书中会解答诸如"公司赚了很多钱，股东要怎么分这些钱""哪些票据可以用来进行税前扣除""哪些债务不着急还钱"等实际问题。

最后，在本书的出版过程中，笔者得到了很多朋友和各位编辑的大力支持与帮助，在此一并感谢！

著 者

目录 CONTENTS

第一部分
老板不得不了解的财务常识

第1章 公司资产、负债、所有者权益有哪些

1.1 货币资金：老板要知道公司有多少钱，哪些能用 //004

1.2 应收账款：尚未收回的客户欠款，应视为资产吗 //007

1.3 预付账款：提前支付的定金，应归类为资产还是负债 //009

1.4 原材料：公司采购一批生产所需的原材料属于公司的哪类资产 //013

1.5 库存商品：哪些货物可以看作是库存商品 //015

1.6 固定资产：公司购买的房屋、车辆和机械设备如何计算剩余价值 //018

1.7 长/短期借款：向银行贷款购买新设备的资金属于资产还是负债 //020

1.8 应付账款：在采购材料后，公司如何管理尚未支付给供应商的款项 //022

1.9 预收账款：客户预先支付的商品销售定金属于资产还是负债 //026

1.10 应付职工薪酬：每个月要支付的员工工资应该怎样核算 //030

1.11 应交税费：老板应该如何看待各类税费 //032

1.12　其他应付款：公司在哪些情况下会欠个人款项　//034

1.13　未分配利润：公司的利润一半分给 3 位老板，

剩下的钱该如何处理　//036

第 2 章　如何看公司收入、成本、利润的构成

2.1　主营业务收入：为什么强盛公司的主要收入来源是建筑工程　//040

2.2　其他业务收入：建筑公司出售建材多余原料和包装物的收入属于

什么类型　//044

2.3　营业外收入：为什么出售废弃的设备属于额外收入　//047

2.4　主营业务成本：一个工程费用支出项目众多，

哪些是主营业务成本　//050

2.5　其他业务成本：建筑公司在给客户做广告设计时会产生哪些费用　//054

2.6　销售费用：公司用于抖音投流的费用是销售费用吗　//056

2.7　管理费用：公司用于经营管理的钱怎么计算　//059

2.8　财务费用：向银行贷款的利息支出是什么费用　//062

2.9　本年利润：本年利润是公司一年中赚到钱的总和吗　//064

2.10　利润分配：公司赚了很多钱，股东要怎么分这些钱　//067

第二部分
老板不得不了解的税务常识

第 3 章　增值税——针对商品增值额部分纳税的税金

3.1　初识增值税：1 万元买原材料，产品卖了 2 万元，

中间赚的 1 万元要交增值税吗　//074

3.2　增值税税率：卖了 1 万元的产品，应该按什么比例来交增值税　//078

3.3　应纳税额的计算：建筑公司既销售建材又施工的情况，

计算其应缴纳的增值税额　//081

3.4 增值税的优惠政策：朋友开了一家家庭农场，

能享受哪些增值税优惠政策 //086

3.5 增值税与金税四期：金税四期对增值税和纳税管理有什么影响 //089

第 4 章 企业所得税：按照利润比例交税的税金

4.1 初识企业所得税：公司按什么比例缴纳企业所得税 //092

4.2 企业所得税的税率：公司应按照什么比例来计算和缴纳企业所得税 //095

4.3 税前扣除：哪些票据可以用来进行税前扣除 //099

4.4 应纳税额：如何根据收入和成本计算应纳的企业所得税税额 //106

4.5 税收优惠：哪些行业可以享受减免企业所得税的优惠政策 //110

4.6 企业所得税与金税四期：金税四期对企业所得税和纳税管理有什么影响 //114

第 5 章 印花税：针对特定文件或合同的税金

5.1 初识印花税：为什么文件上盖的章还需要交税 //116

5.2 印花税的税率：如何根据合同或文件的类型判断印花税的缴纳比例 //122

5.3 应纳税额计算：如何根据交易金额计算应缴纳的印花税额 //124

第 6 章 消费税：针对高消费行为的税金

6.1 初识消费税：为什么高消费行为需要缴纳消费税 //126

6.2 消费税的缴纳范围：公司的哪些高消费行为需要缴纳消费税 //129

6.3 应纳税额的计算：如何根据商品项目和金额计算应缴纳的消费税额 //130

第 7 章 附加税：附加于增值税和消费税的税金

7.1 城建税：年营收 100 万元，需要缴纳城建税吗 //136

7.2 教育费附加：一家英语培训机构如何缴纳教育费附加税 //137

7.3 地方教育附加：为什么企业需要缴纳地方教育附加税费 //139

第三部分
老板要看懂财务报表

第8章　资产负债表：反映公司当前的财务状况

8.1　流动资产：中小企业的资产中哪些可以快速变现　//144

8.2　非流动资产：中小企业的资产中哪些难以在短期内变现　//147

8.3　流动负债：哪些债务是必须在一年内还清的　//151

8.4　非流动负债：哪些债务可以不着急还清　//154

8.5　所有者权益：股东在初创企业中有哪些权益　//158

第9章　利润表：反映公司的盈利状况

9.1　主营业务利润：通过主要业务赚到的钱应该怎么算利润　//164

9.2　营业利润：通过主业和副业共同赚到的钱应该怎么算利润　//166

9.3　利润总额：利润总额是税前利润还是税后利润　//169

9.4　净利润：公司的税后利润该怎么计算　//170

第10章　现金流量表：现金从哪里来，到哪里去

10.1　经营活动产生的现金流量：经营活动中的现金从哪里来，又流向何处　//174

10.2　投资活动产生的现金流量：投资活动中的现金从哪里来，又流向何处　//176

10.3　筹资活动产生的现金流量：筹资活动中的现金从哪里来，又流向何处　//178

第11章　财务报表分析：从表面数字看透企业真实情况

11.1　盈利能力分析：通过分析营业状况评估公司的盈利能力　//182

11.2　经营效率分析：如何通过货款周转情况看公司的经营效率　//189

11.3　偿债能力分析：如何从现金流上评估公司的偿债能力　//195

11.4　发展潜力分析：如何通过销售和资产的增长情况评估公司的发展能力　//198

附录

第一部分

老板不得不了解的
财务常识

阿志是一家建筑公司的老板。十几年来，公司从几个人发展到百来号人，规模越来越大，导致很多事情他无法再亲自处理，毕竟个人的精力是有限的。鉴于当前公司经营已趋于稳定，阿志决定重点抓财务管理。

阿志深刻认识到，如果缺乏对财务的深入理解，就相当于将企业的命运置于他人之手，因为企业面临的绝大多数风险都源自财务领域。因此，为了制定更加精准的经营决策，并有效降低财务风险，阿志决定深入学习财务知识。

企业存续的目的是赚钱，要赚钱就得有本钱，而公司的资产就是公司的本钱。如果本钱不够了，可以找别人借，借的钱就是公司的负债。等赚到钱以后，先把欠别人的钱还掉，剩余的利润则归公司所有。这就是对"资产＝负债＋所有者权益"最简单的理解。

资产、负债和所有者权益是构成资产负债表的三大要素。资产负债表被誉为企业的"家底表"，因此，要弄清企业有多少家底，就得先从了解这三要素开始。

第1章

公司资产、负债、所有者权益有哪些

公司资产源于企业过往的交易及事项，代表的是企业所拥有或掌控的，且预期能够为企业创造经济利益的各类资源。简而言之，这些资产揭示了公司资金的流向与使用情况。例如，为长期使用而购置的设备、厂房等归类为固定资产；在商品销售中，允许客户先收货后付款所形成的债权被称为应收账款；现金回流后，无论是存入银行还是直接用于日常周转，均构成了企业的货币资金。

相比之下，负债的概念较为直观，它源于企业过去的交易或事项，代表了一种现时义务，预示着未来经济利益的流出，即我们通常所说的"公司欠别人的钱"，这些债务最终都需要偿还，如欠国家的应缴税费、欠银行的长短期借款、欠供应商的应付账款以及欠员工的应付职工薪酬等。在资产负债表中，负债与股东权益被置于同一侧，这是因为从本质上看，负债也代表了一种权益，不过是债权人的权益，而非股东的。

至于所有者权益，它是指企业资产在扣除负债后，剩余部分由所有者所享有的权益。在公司的语境下，这又称为股东权益，涵盖了实收资本（或股本）、资本公积、盈余公积以及未分配利润。简而言之，所有者权益体现了股东投入的资金以及他们通过企业运营所获得的收益。

1.1 货币资金：
老板要知道公司有多少钱，哪些能用

随着公司业务的不断拓展，阿志意识到需要更精确地掌握公司的资金状况。由于销售人员频繁在外地开展业务，公司在多个城市新设了银行账户。年初阿志还让会计去银行存了一笔 50 万元的定期存款作为风险储备。然而，阿志对于公司账面上的具体资金数额、可随时动用的资金量以及银行存款的详情并不十分清楚。因此，他要求会计进行详细的汇总和分类。

1.1.1 什么是货币资金

货币资金是指企业在生产经营过程中以货币形式存在的资产。从经济活动的本质来看，货币资金是资金运动的起点和终点，也是生产经营的先决条件。在资产负债表中，货币资金被列为第一项，因为它的流动性最强，并且是唯一能够直接转化为其他任意资产形态的流动性资产，也是企业的重要支付手段和流通手段。货币资金包括库存现金、银行存款和其他货币资金。

①库存现金指存放于企业财会部门、由出纳人员负责管理的现金。鉴于库存现金的安全性相对较低且交易难以监管，因此，在货币资金总额中，库存现金通常占据较小比例。

②银行存款是企业存放在银行及其他金融机构的货币资金，主要包括活期存款和期限较短的定期存款，如三个月以内或最长不超过一年的存款。这些存款的主要特点是可以随时用于支付。

③其他货币资金是企业为特定目的而在银行设立的专户存款，具有明确的用途。它包括外埠存款、银行汇票存款、银行本票存款、信用卡存

款、保函保证金、信用证保证金存款、专项投资款等。其中，部分资金可能因作为保证金、定期存款或法律上的质押等原因而受到限制，无法随时用于支付，这些被称为受限资金。受限资金常被用于大股东或关联方的占用、为其他公司提供担保的保证金，或支持企业日常经营，如开立银行承兑汇票、备用信用证的保证金、保函保证金等。

1.1.2 货币资金分析

一般来讲，公司有三种渠道获得货币资金：经营所得、发售股票或发债、处置或变卖资产。

从增量角度分析，货币资金的增加往往源于营业收入的增长，因为资金在企业运营中经历从货币到资产再回到货币的循环过程，此过程中货币实现增值，体现了企业的运营价值。相反，货币资金的减少则可能源于企业经营不善、投资失误或内部管理问题。

从存量角度看，过多的货币资金可能意味着资金未得到有效利用，资产使用效率不高；而过少的货币资金则可能预示公司面临短期偿债风险。

如表 1-1 所示，强盛公司的合并财务报表项目注释清晰展示了公司的货币资金状况：公司目前共有货币资金约 342 万元，其中不受限使用的包括库存现金约 12.9 万元、银行存款约 321 万元和其他货币资金约 8.6 万元；而受限使用的主要是银行定期存款约 50 万元。

表 1-1 合并财报中的货币资金　　　　单位：元

项目	期末数	期初数
库存现金	128 508.61	95 904.65
银行存款	3 210 041.53	2 817 831.40
其他货币资金	85 998.25	135 563.86
存放中央银行法定存款准备金	0	0

续表

项目	期末数	期初数
存放中央银行超额存款准备金	0	0
合计	3 424 548.39	3 049 299.91
使用受到限制的货币资金		
项目	期末数	期初数
存放中央银行法定存款准备金	0	0
不能随时支取的定期银行存款	500 000.00	0

老板财务笔记

　　对公司来说，货币资金的来源有三种：经营、投资和筹资。简单来说就是自己赚的、找股东"要"的、向别人借的，即并不是所有的货币资金都可以随时取用。作为公司老板，不仅要关注公司的钱有多少，还要关注钱是哪儿来的、能不能用。由于货币资金具有极高的流动性和风险性，因此，企业必须加强对货币资金的内部控制，以保证资金的安全，提高资金的使用效率。

1.2 应收账款：
尚未收回的客户欠款，应视为资产吗

几个月前，阿志的公司向一家小型装修公司销售了一批建材，总货款为 30 000 元，但至今仅收到 15 000 元，剩下的还没有回款。眼看就要逾期了，公司会计提醒阿志，这笔款的周转期较长，如果再不催收，若超过一年，坏账的可能性就比较高了。

1.2.1 什么是应收账款

应收账款是指企业因销售商品、提供劳务等经营活动，应向购货单位或接受劳务单位收取的款项，主要包括企业销售商品或提供劳务等应向有关债务人收取的价款及代购货单位垫付的包装费、运杂费等。简单地说，应收账款就是货卖出去了，但还没有收到的钱。应收票据是票据形式的应收账款，包括银行承兑汇票和商业承兑汇票两种。

为什么会产生应收账款呢？原因有二：一是商业竞争，二是销售与收款的时间差。在商业竞争中，企业为了争取客户、扩大销售规模，往往会在付款时间上给予对方一定的延展，这形成了所谓的"信用经济"。同时，在销售商品的过程中，由于存在一手交钱一手交货、先付款后交货和先交货后付款三种情况，其中后两种情况导致销售和收款时间不一致：先付款后交货就是赊购，将产生预收账款；先交货后付款则是赊销，将产生应收账款、应收票据。

因此，在实际经营中，应收账款通常与赊销相关联。在市场竞争激烈时，赊销有助于促进销售、降低存货风险和管理开支。

1.2.2　应收账款的分析

应收账款的分析主要通过以下几个财务指标进行：

应收账款周转率（次）＝销售收入÷应收账款平均余额

应收账款平均余额＝（期初应收账款＋期末应收账款）÷2

　　　　　　　　＝年度赊销净额÷360×应收账款平均周转天数

应收账款平均周转天数＝360÷应收账款周转率

　　　　　　　　＝应收账款平均余额×360÷销售收入

应收账款周转率又称收账比率，反映了在一定时期内应收账款转化为现金的平均次数。数值越大，说明企业收账速度越快，资金回笼越迅速，资产流动性越强，偿债能力也越好，同时坏账损失也越少。

应收账款平均周转天数表示在一个会计年度内，应收账款从发生到收回周转一次的平均收账期。应收账款的周转次数越多，则周转天数越短，说明其变现的速度越快，资金被外单位占用的时间越短，管理工作的效率就越高。

以强盛公司的那笔15 000元应收账款为例，若期初和期末余额未发生变化，则应收账款平均余额为15 000元。此时，周转率为30 000÷15 000=2，周转天数为360÷2=180天。这意味着从客户上次支付部分货款的时间算起，剩余货款至少还需6个月才能收回。

老板财务笔记 ✒

> 应收账款的财务指标包括周转率、平均余额、周转天数等，可以帮助投资者评估企业财务状况和经营能力，特别是企业的收款能力，还可以用于分析企业的现金流，有助于进行决策和风险控制。
>
> 在日常管理中，企业应该加强应收账款的控制、监测和催收，同时，确定适当的信用标准，加强产品生产质量和服务质量的管理，并对应收账款进行实时追踪和定期账龄分析。

1.3　预付账款：
提前支付的定金，应归类为资产还是负债

前几天，阿志的公司向鹏华建材厂订购了一批新型建材。因为缺货，公司按照采购合同向鹏华建材厂支付了10%的定金。预付现象在建筑行业很常见，但付了钱能不能拿到货、何时能拿到货，很大程度上取决于供应商的能力和信用。之前阿志跟另一家钢材厂也有过业务往来，当时预付了3万元的货款，如今合同逾期快五年了，还是没有收到货。如果所有供应商都像这样长期挂账，对公司的经营是极为不利的。

1.3.1　什么是预付账款

预付账款指买卖双方协议商定，由购货方预先支付一部分货款给供应方而形成的一项债权。通俗点说就是钱花了，但货还没到。对购货企业来说，预付账款是一项流动资产，也是公司债权的组成部分。它要求企业在短期内以商品、劳务或服务来抵偿，而非直接用货币。

预付账款一般包括预付的货款、预付的购货定金、预付工程款、预付备料款等，像强盛公司这样的建筑公司，产生的预付账款主要包括预付工程款、预付备料款等。

在会计实务中，预付账款作为资产科目，用于核算其增减变动及结存情况。企业可按供货单位进行明细核算，借方登记预付款项，贷方登记收到货物后结转的预付货款。期末预付账款体现为借方余额，表示企业预付出去的款项，尚未收到相关货物或接受相关服务。期末预付账款体现为贷方余额，则表示企业欠了供应方的货款，实质为应付账款。

1.3.2　预付账款的计算和分析

为了评估预付账款的使用效率，我们引入了预付账款周转率和预付账款周转天数两个指标，相关公式如下。

预付账款周转率＝销售成本÷预付账款平均余额

预付账款平均余额＝（期初预付账款＋期末预付账款）÷2

预付账款周转天数＝360÷预付账款周转率

预付账款周转率反映了企业预付账款的回收速度。预付账款周转天数表示企业预付账款后平均需要多少天才能收到货物。这两个指标对企业的运营具有重要意义。高预付账款周转率和短周转天数意味着企业资金回收迅速，有助于企业进行经营和投资活动。相反，低周转率和长周转天数则可能阻碍企业的资金周转，并可能影响其偿债能力。

例如，强盛公司本月初向鹏华建材厂订购建材，支付了 10 000 元作为 10% 的定金。我们可以推算出销售成本为 100 000 元。假设这是期内唯一的预付账款，则预付账款平均余额为 5 000 元。因此，预付账款周转率为 100 000 元÷5 000 元＝20，周转天数为 360÷20＝18 天。

通常对预付账款的分析，主要是关注预付账款能不能按时转为存货，也就是关注预付账款的账龄。预付账款账龄可划分为 1 年以内、1～2 年、2～3 年和 3 年以上。一般认为账龄在 1 年以内最好，收货的机会很大，基本不会发生坏账；而 2～3 年还未收货，则发生坏账的概率较大。预付账款的账龄在财务报表附注中可以找到，如表 1-2 所示。

表 1-2　预付账款的账龄

账龄	期末余额		期初余额	
	金额 / 元	比例	金额 / 元	比例
1 年以内	183 116.13	76.77%	180 153.82	85.58%
1～2 年	30 547.01	12.81%	12 044.23	5.72%

续表

账龄	期末余额		期初余额	
	金额 / 元	比例	金额 / 元	比例
2～3 年	11 674.22	4.89%	8 113.45	3.85%
3 年以上	13 187.75	5.53%	10 189.45	4.85%
合计	238 525.11	100%	210 500.95	100%

此外，预付账款的性质也需要重点关注。如果一家企业经常需要预付大量货款给供应商，说明该企业在整个产业链中的地位不高或者信用不好。尤其对于大型公司或者上市公司来说，如果预付账款突然大幅度增加，尤其是预付工程款或者用来购买专利 / 非专利技术，很有可能是通过预付款的形式把资金转移出去，然后再以营业收入的形式流转回来，从而虚增利润。

1.3.3 预付账款长期挂账、坏账怎么办

预付账款就是企业提前付给供应商的钱，此时钱给了，但货还没收到，因此，这部分资金面临着长期挂账或是最终成为坏账的风险。

面对长期挂账、坏账的预付账款，最好的处理方法是根据税法的相关规定进行合理的财税处理。财税〔2009〕57 号文件规定：

企业除贷款类债权外的应收、预付账款符合下列规定的，减除可收回金额后确认的无法收回的应收、预付款项，可以作为坏账损失在计算应纳税所得额时扣除：

一、债务人依法宣告破产、关闭、解散、被撤销，或者被依法注销、吊销营业执照，其清算财产不足清偿的；

二、债务人死亡，或者依法被宣告失踪、死亡，其财产或者遗产不足清偿的；

三、债务人逾期 3 年以上未清偿，且有确凿证据证明已无力清偿债务的；

四、与债务人达成债务重组协议或法院批准破产重整计划后，无法追偿的；

五、因自然灾害、战争等不可抗力导致无法收回的；

六、国务院财政、税务主管部门规定的其他条件。

所以，强盛公司那笔 3 万元的预付账款若确认为坏账，可以经税务局审批后作为损失列支，计入营业外支出。而在正式确认为坏账之前，暂时计入其他应收款账户。

1.3.4　预付账款和应付账款的区别与联系

预付账款与应付账款的主要区别在于款项对应的事项是否已经实际发生。简单来说，如果物流早于资金流动，即企业先收到货物或服务后再付款，则形成应付账款；如果资金流动早于物流，即企业先付款后收到货物或服务，则形成预付账款。

在会计实务中，预付账款与应付账款是可以相互转化的。例如，当预付账款对应的货物或服务实际发生时，预付账款可能会转化为应付账款（如果还需支付余款）或冲减相应的资产（如果预付金额已足够）。

老板财务笔记 ✒

> 预付账款是资产负债表的高危项目，一方面由于预付账款占用了企业资金，长期挂账、死账会影响企业的财务状况和经营成果，并带来税务风险；另一方面，很多企业由于主观、客观方面的原因错用该科目或利用该科目隐瞒利润、推迟纳税等，影响了企业财务信息的真实性。因此，对预付账款需要重点关注和追踪分析。

1.4　原材料：
公司采购一批生产所需的原材料属于公司的哪类资产

月初，公司采购了一批建材，用于正在投建的一个工程项目，总成本是 50 000 元，月末统计盘点，发现这批建材还剩余 40% 左右。公司早前还订购了另一批建材，按照跟供应商约定的时间，预计还有 50 天能够到货。阿志想知道，公司的库房能否及时腾出来？

这实际上涉及存货周转期的问题。

1.4.1　什么是原材料？

原材料是指企业在生产过程中，经加工改变其形态或性质，并构成产品主要实体的各种原料及主要材料、辅助材料、燃料、修理备用件、包装材料、外购半成品等。简单地说，就是生产各种产品的基本物质。原材料分为两大类，一类是在自然形态下的森林产品、矿产品与海洋产品，如铁矿石、原油等；一类是农产品，如粮、棉、油、烟草等。

原材料属于流动资产，是库存的重要组成部分，按其存放地点可分三类：在途物资、库存材料、委托加工物资。原材料的核算办法分为计划成本法和实际成本法，前者适用于材料收发业务较多且计划成本资料较为健全、准确的企业；后者适用于购货不多的中小型企业，比如阿志的强盛公司。

1.4.2　原材料的衡量指标及影响因素

原材料库存周转率＝原材料总成本÷平均库存余额

平均库存余额＝（期初库存余额＋期末库存余额）÷2

存货周转天数 =365÷ 存货周转率

原材料库存周转率是衡量原材料管理水平的重要指标。通常，数值越大表明销售情况越好。平均库存通常是指各个财务周期期末各个点的库存平均值。比如，强盛公司月初采购了 50 000 元的建材，到了月末还剩 40%，那么这批建材的平均库存余额就是（0+20 000）÷2=10 000，周转率就是 50 000÷10 000=5，周转天数就是 365÷5=73 天，按当月 30 天计算，这批建材还要 73-30=43 天才能消耗完，因此能及时腾出空间。

老板财务笔记 🖋

> 良好的原材料管理水平有利于降低原材料的平均资本占用水平，提高原材料的流通速度和总资产的周转率，最终提高企业的经济效益。

1.5　库存商品：
哪些货物可以看作是库存商品

随着新订购的建材即将到货，阿志开始关注库房的腾空情况。会计告知他，之前购入的材料已接近消耗完毕，但库房中仍有一些库存商品，主要是公司目前承建工程所需的物资，如墙面材料、吊顶、木工用品、五金件等。为了更全面地了解公司存货状况，阿志决定对近几年来的库存进行统计分析，以评估其消耗和调度的合理性。

1.5.1　什么是库存商品

库存商品，从广义上理解，是指企业闲置的、用于未来销售或生产、具有经济价值的商品。根据形态和用途，库存商品可分为原材料、在产品、半成品、产成品、商品以及委托代销商品。

怎么来理解和区分这些概念呢？比如，A 工厂生产玻璃杯，那么玻璃就是原材料，拿到流水线上生产就是在产品，做成杯子以后成为半成品，经过贴标、贴膜等工序成为产成品，出售给 B 百货公司就是商品，如果委托 C 连锁店代销就称为委托代销商品。

1.5.2　库存商品和存货

存货是指企业在日常经营活动中持有的用来出售的产品、正在生产的产品，在生产过程中或提供劳务时消耗的材料等。比如，强盛公司销售建材，那么仓库里的建材，包装建材用的塑料袋、木箱等，这些能够带来经济效益且能够可靠计算出成本的都称为存货。

库存商品属于存货的范畴，存货不仅包括库存商品，还包括原材料、在产品、包装物等。其中，原材料是针对制造业而言的，购入和持有的目的是生产加工为产品。库存商品是针对商品流通业（批发、零售）而言的，持有的目的是出售。工业企业采购原材料加工成产品，验收入库之后就是库存商品。商业企业没有加工过程，采购进来的就是产成品。

1.5.3 存货分析

存货是企业的重要资产之一。适量的存货有助于防止资源短缺和生产中断，节省订货费用和生产成本。然而，存货过多或过少都会对企业产生不利影响。存货过多会占用大量资金，增加存储成本，并面临被盗、损耗、过时等市场风险；存货过少则可能导致企业丧失市场份额。

因此，企业需要在库存过剩和库存过低之间找到平衡点，对存货进行合理分析和评估。这包括考虑存货结构和存货资产比。

①存货结构指原材料、在产品、产成品（库存商品）各自在存货中的比例。存货结构能够反映公司的战略规划，在正常情况下应该保持相对稳定。

如表1-3所示是强盛公司2018—2021年的存货数据，可以看出近几年的存货始终在300万～350万元之间浮动，相对来说是比较稳定的。但我们也可以清楚地看到存货的结构发生了很大变化，截至2021年底，公司存货价值约350万元，较年初增加不到20万元，而原材料少了近60万元，基本转化为库存商品，这说明公司的产品存在一定的积压，在去库存上还有较大的压力。同时，2019年原材料和半成品都有不小的增幅，这反映出公司管理层当时对未来比较有信心，加大了经营力度和规模，或者认为原材料有可能涨价，提前进行了囤货。

表 1-3　强盛公司 2018—2021 年的存货统计

存货项目	2018 年	2019 年	2020 年	2021 年
原材料 / 万元	168.92	195.44	182.20	124.95
半成品 / 万元	31.13	82.26	81.83	85.26
库存商品 / 万元	96.21	68.51	66.53	138.12
合计 / 万元	296.26	346.21	330.56	348.33

需要注意的是，在囤货的情况下，要做好存货计提跌价的准备，防止未来原材料不涨反跌。

②存货资产比指存货在流动资产中所占的比重。

存货是流动资产中流动性较差、变现能力较弱的资产。因此，存货资产比直接关系着企业流动资产的周转速度，进而影响企业的短期偿债能力。一般而言，存货资产比重过大，意味着企业的存货周转率过低、存货积压过多，导致资金周转不灵；存货资产比重过小，则表示企业的资金有大量闲置和积压，资产的使用效率较低。

老板财务笔记 🖋

存货包括但不限于原材料和库存商品。存货是企业资产的重要组成部分，也是企业最终收入的来源。存货过多会增加企业的库存成本和市场风险，过少会降低企业的市场竞争力。保持适量的存货可以降低运营成本，并迅速响应市场的需求变化。

1.6 固定资产：
公司购买的房屋、车辆和机械设备如何计算剩余价值

公司近期面临固定资产管理的问题，特别是出租用于运输建材的货车频繁出现故障，维修和保养费用高昂。这些货车中，有的已使用超过十年，维修成本逐年上升。同时，公司还拥有位于郊区的一栋库房，因交通成本过高，考虑折价出售并在公司附近购置新库房。解决这些问题，核心在于如何合理评估固定资产的剩余价值及最佳更新时机。

1.6.1 什么是固定资产

固定资产指企业长期使用、具有实物形态的非流动资产，其特点包括使用期限长和单位价值大。这排除了如笔、纸等价值低、使用年限短的物品，它们被视为低值易耗品。固定资产通常分为八大类：房屋和建筑物、一般办公设备、专用设备、文物和陈列品、图书、运输设备、机械设备及其他。

1.6.2 固定资产的折旧和价值

固定资产在使用过程中会逐渐磨损，包括有形磨损（自然力影响）和无形磨损（技术进步导致的贬值）。随着使用时间的增加，磨损加剧，寿命缩短。为此，企业需通过折旧来系统分摊磨损成本。折旧方法多样，最常用的是平均年限法和工作量法。

①平均年限法：将固定资产的应计折旧额均衡地分摊到固定资产预计使用寿命内。

年折旧额＝（原价－预计净残值）÷预计使用年限

　　　　 ＝原价×（1－预计净残值÷原价）÷预计使用年限

　　　　 ＝原价×年折旧率

年折旧率＝（1－预计净残值率）÷预计使用寿命×100%

月折旧额＝固定资产原价×月折旧率

月折旧率＝年折旧率÷12

②工作量法：根据实际工作量计算每期应提折旧额。

单位工作量折旧额＝固定资产原价×（1－预计净残值率）÷预计总工作量

当月折旧额＝当月工作量×单位工作量折旧额

固定资产在各个阶段的价值定义是不一样的。新购入时的初始入账价值叫作原值，使用一段时间，折旧之后剩余的部分称为净值，在进行会计处理时，再减掉一个固定资产减值准备，就称为账面价值。净值可以直接反映出固定资产的新旧程度，因此也叫作剩余价值。

1.7　长 / 短期借款：
向银行贷款购买新设备的资金属于资产还是负债

阿志的公司近期面临资金周转问题，特别是月末支付员工工资和日常运营费用时资金短缺。为此，他先后两次向银行申请贷款：一次是短期贷款 10 万元，用于临时资金周转；另一次是长期贷款 150 万元，用于购买新施工设备以扩大经营规模。针对这些贷款，阿志原本认为它们增加了公司的财产，应属于资产，但会计指出这些实际上是负债，因为需要偿还。

1.7.1　短期借款、长期借款的定义

短期借款：指企业向银行或其他金融机构借入、期限在 1 年以下（含 1 年）的借款。它属于流动负债，主要用于弥补企业自有流动资金的不足，如购买原材料、支付工资等。短期借款的特点是期限短、风险小、利率相对较低，且贷款程序简单，灵活性高。然而，它无法满足企业的长期资金需求，且固定的利率在市场波动时可能对企业产生间接影响。

长期借款：指企业向银行或其他金融机构借入、期限在 1 年以上（不含 1 年）的借款。它属于非流动负债，通常用于协助企业拓展生产经营规模或支持投资者活动。长期借款的优点是筹资速度一般较快、借款区间及弹性大、成本相对较低，并能发挥财务杠杆作用。但其缺点是筹资风险大、某些资金使用范围窄、筹资金额受限。

1.7.2　短期借款、长期借款的对比

同样都是欠银行或者金融机构的钱，短期借款、长期借款有什么区别呢？

①期限利率不同：短期借款的期限通常在一年以内，利率较低；长期借款的期限通常在一年以上，利率较高。

②还款金额不同：短期借款只需要计算本金，长期借款除了本金外，还需要计算财务费用、利息支出。

③资金用途不同：短期借款主要用于弥补流动资金，长期借款则主要用于项目投资。

从投资人角度看，长期借款因还款期限长，为企业提供更多周转和发展时间，通常优于短期借款。阿志的短期贷款用于临时资金周转，而长期贷款则用于购买施工设备，就体现了这两种借款的不同用途。

老板财务笔记 ✒️

向银行贷款，无论款项用途期限如何，都属于负债，因为最终都需要偿还。短期借款属于流动负债，长期借款属于非流动负债。二者的期限、利率、风险、用途等都不相同。对于持续经营的企业来说，长期借款要优于短期借款，因为债权回收的时间长，有充足的时间去周转和发展。

此外，长短期借款不仅对企业重要，在个人生活中也常见，如短期借款平台（借呗、微粒贷等）和长期借款（房贷、车贷等）。

1.8　应付账款：
在采购材料后，公司如何管理尚未支付给供应商的款项

月初，强盛公司向鹏华建材厂购买了价值 8 万元的建材，付了 40% 的货款，根据采购合同，本月末要再支付 20%，剩余部分在下月月底之前全部结清。阿志和鹏华有不少生意往来，赊购、预购都很平常。之前阿志还跟一家规模比较小的钢材供应商合作过，在预付了 3 万元之后就没了下文，到现在也没发货，原本还有 7 万元应付账款，肯定不可能再支付了。

所以，公司应该仔细分析应付账款，根据议价能力的不同对供应商进行分类管理。

1.8.1　什么是应付账款

应付账款是指因购买材料、商品或接受劳务供应等而发生的债务，是买卖双方在购销活动中由于取得物资与支付货款在时间上不一致而产生的一种负债。简单地说，就是企业在买货时，收了货但还没有付钱，也就是通常所说的赊购。

我们已经知道，存货周转期是指将原材料转换成产成品并出售所需要的时间，应收账款周转期是指将应收账款转换为现金所需要的时间，而应付账款周转期就是指从收到尚未付款的材料开始到现金支出所用的时间。这三者合在一起，就是现金的周转过程。

1.8.2　应付账款和应收账款的区别

应付账款和应收账款是企业经营中常见的两种账款，也是资产负债表

中的重要科目，二者仅有一字之差，但作用和意义却是截然不同。

首先，应收账款属于资产，表示尚未收回的货款，是企业对其下游的债权；而应付账款是负债，表示尚未支付的货款，是企业对上游的债务。

其次，从账务处理方面来看，二者的增减对企业的财务状况和经营情况会产生不同的影响：应收账款的增加会增加企业的资产总额，而应付账款的增加会增加企业的负债总额。

此外，对于应收账款，其入账金额包括合同价款、增值税、运费等，而对于应付账款，则包括商品或服务的单价、增值税、运费等费用。

一个企业的应付账款，必然是另一个企业的应收账款。例如，当阿志的强盛公司从鹏华建材厂购入价值 10 万元的建材且未支付时，对于强盛公司而言，这构成了 10 万元的应付账款；而对于鹏华建材厂，则形成了 10 万元的应收账款。

1.8.3　应付账款分析

应付账款代表企业对上游供应商的议价能力，与之相对的，应收账款则代表企业对下游客户的议价能力。应收账款和应付账款体现了企业在产业链中的位置，二者共同影响着企业的现金流。对于企业来说，最理想的状态是多收少付，即少应收账款、多应付账款。如果一家企业的应收账款很少，同时应付账款很多，那就说明企业在产业链中的话语权很高，很有可能在行业中处于垄断地位。

那么通过对应付账款的分析，我们能得到哪些重要信息呢？

①应付账款周转率。

应付账款周转率 =（主营业务成本 + 期末存货成本 - 期初存货成本）÷ 平均应付账款 ×100%

= 销售成本 ÷ 平均应付账款

平均应付账款＝（期初应付账款＋期末应付账款）÷2

应付账款周转率代表在账期内应付账款周转的次数，反映了公司无偿占用供货企业资金的能力，比如，月初强盛公司向鹏华建材厂购买的 80 000 元建材，到本月底，平均应付账款就是（80 000×60%＋80 000×40%）÷2=40 000 元，应付账款周转率就是 80 000÷40 000=2。这个数值较低，说明公司的市场地位较高，在行业内采购量巨大且信誉良好，所以才能在占用货款上拥有话语权。如果应付账款周转率突然快速提高，说明上游供应商谈判实力增强，要求快速回款，可能预示原材料供应紧俏。

②应付账款占总负债的比重。一个企业的应付账款，必然是另一个企业的应收账款，在上游企业也考虑资金成本的情况下，企业的应付账款也不可能过多。如果应付账款占比过大，表明公司欠供应商款项较多，公司的资金周转很可能出现了问题。

以阿志的建筑公司为例，上游是像鹏华建材厂这样的建材生产企业，下游则是开发商或者装修装饰企业。可以看出，强盛公司的应付账款是向建材厂商采购建材或机器设备产生的。在不考虑其他合作对象的情况下，鹏华建材厂的应收账款就是强盛公司的应付账款。强盛公司的应付账款占公司总负债的比重常年维持在30%～50%，这说明公司和鹏华的业务合作稳定，有一定的话语权，但如果强盛公司资金周转不灵，应付账款长期挂账，这个比重就会大大增加。同理，强盛公司的应收账款是向装修公司销售建材或者向开发商提供工程外包服务产生的，当装修公司对强盛公司的应付账款较多时，说明强盛公司在业务往来中的话语权不够，谈判实力较弱。

③应付账款账龄。一般来说，应付账款的账龄多集中在一年以内，期限较短。如果账龄过长，首先考虑有可能是供应商消亡或不存在等原因导致无需支付，这种情况可以记为营业外收入，如果一直将其列为负债，会

有调整利润和避税的嫌疑。

④应付账款与存货比例。一般情况下，企业购买存货时会或多或少地支付现金，再加上部分应付账款，通常应付账款与存货的比例不会超过1:1。工业企业的存货中含有生产成本、库存商品中含有工资和折旧，这部分不对应应付账款，其比例应该更低。如果这个比例过大，说明企业的存货绝大多数是赊购而来的，可能无法对应现金流而产生挂账，对上市公司来说还有可能提示存在关联方交易；如果这个比例超过100%，在存货不变且未出售或结转成本的情况下，只有应付账款增加，则说明该企业有利用应付账款隐瞒收入的嫌疑。

老板财务笔记

应付账款是企业在交易已经达成的情况下由于推迟付款而形成的债务。应付账款在企业的债务组成中占有相当一部分的比重，在一个较长的时间段内保持稳定。

企业无偿占用供货企业的资金可以缓解自身资金短缺的压力，提高资金周转率并节约资金成本。然而，过度拖延付款会影响企业信誉。因此，企业应权衡延期付款的收益和代价，合理控制应付账款。

1.9 预收账款：
客户预先支付的商品销售定金属于资产还是负债

阿志的公司承接了一个游乐场的翻新和绿化工程，总造价 12 万元，根据施工合同，游乐场预先支付了 40% 的定金。有人认为预收的定金已经进了公司的口袋，应该属于公司资产。但实际上，这笔定金属于公司负债。这是为什么呢？

1.9.1 什么是预收账款

预收账款，指的是企业在销售商品或提供服务前，从购货方预收的订金或部分货款。由于这部分资金在未来需要用商品或劳务来偿付，因此它被视为企业的一种负债。简而言之，当企业收到预付款但尚未交付商品或提供服务时，这些资金具有保证金的性质，确保了交易的安全性。对于供应方而言，预收账款是最安全的交易方式，尤其是在对方信用状况不佳的情况下，能够最大程度减少坏账，但企业可能因此失去一些业务拓展的机会。

在会计科目中，预收账款的期限一般不超过 1 年，通常应作为一项流动负债反映在各期末的资产负债表上，若超过 1 年则称为递延贷项，单独列示在资产负债表的负债与所有者权益之间。

到目前为止，我们已讨论了应收账款、预付账款、应付账款和预收账款这四个易混淆的概念。简而言之，前两者属于资产，后两者属于负债。具体区分如下：

公司进货时，先给钱后拿货，货早晚能收到，为预付账款；

公司卖货时，先卖货后收钱，钱早晚能收到，为应收账款。

公司进货时，先拿货后付钱，欠的钱以后给，为应付账款；

公司卖货时，先收钱后发货，欠的货以后发，为预收账款。

1.9.2　预收账款与合同负债的区别

根据《新会计准则》规定，合同负债是指企业已收或应收客户对价而应向客户转让商品的义务。企业在向客户转让商品之前，如果客户已经支付了合同对价或企业已经取得了无条件收取合同对价的权利，则企业应当在客户实际支付款项的时间与合同规定的到期应支付款项的时间中，选择较早的时点，将该已收或应收的款项列示为合同负债。

乍一看，合同负债跟预收账款似乎很难区分，实际上二者是有明显区别的。

①是否收到款项。预收账款侧重于是否提前收到付款，而合同负债侧重于履行合同义务。

②收到的款项是否含有履约义务。合同负债的确认需要以合同规定的履约义务为前提，而预收账款与之并没有直接的关系。

③交货期不同。预收账款往往会约定交货期，而合同负债通常无法确定交货期。

④核算范围存在差异。预收账款只能核算已经实际收到的账款，而合同负债还能核算没有实际收到、但有收款权利的账款。

比如，阿志想对公司的所有客户实行统一集中化管理，于是建立了一套会员管理体系：凡是与公司有过业务往来的客户，均可与公司签订 VIP 合作协议，会员费 2 000 元，为期 3 年。客户成为 VIP 之后可以享受公司提供的多项 VIP 服务，如额外折扣、积分免运送费等。除了年费 2 000 元之外，客户还需要缴纳 50 元的入会费，用于会员卡制作、宣传册印刷、会籍资料建档等。在这项业务中，强盛公司向客户履行的义务是提供各种会员优惠，基于此义务产生了年费 2 000 元，而入会费 50 元只是客户为享受会员优惠所支付的对价的一部分，并不构成履约义务。因此，年费

2 000 元应视为合同负债，而入会费 50 元应视为预收账款，并与年费一起在 3 年内分摊确认为收入。

在会计管理中，预收账款和合同负债的区分也很简单，只要涉及销售商品、提供劳务等需要执行新收入准则而产生的预收账款，全部改计为合同负债；反之则依旧计为预收账款。比如销售固定资产执行的是固定资产准则，转让无形资产执行的是无形资产准则，出售长期股权投资执行的是长期股权投资准则，这些项目产生的预收款就依然视为预收账款。

1.9.3　预收账款分析

预收账款虽然在账面上显示为负债，但本质上是企业将在未来实现的收入，且一般不需要偿还，因此被誉为"最幸福负债"。一个企业的预收账款越多，通常该企业的未来业绩就越有保障，同时该企业在行业中的地位也越强势。比如 A 股市场上的贵州茅台、格力电器、美的集团等公司，预收账款占营收的比例都很大。当然，采用预售制的企业除外，比如房地产企业。

很多投资者将预收账款作为判断企业未来营收的先行指标，如果预收账款突然下滑，很可能是行业供需出现变化或者公司经营出现问题。那么对预收账款的分析应该从哪几个方面着手呢？

①只有卖方企业（或特种行业）会存在大量预收账款。如果企业属于买方却存在大量预收款，很有可能涉及财务造假。

②预收账款占营收比重。一般来说，预收账款占营收比重增加，说明公司盈利能力增强；反之，则提示公司盈利能力下滑。但有一种特殊情况，就是在会员制前提下中途停止消费。比如上文中阿志向客户提供 VIP 服务，但有些客户可能在办了会员之后跟公司再也没有业务往来，这时候预收的年费就无法转入营收，最终也无法体现在利润里面。

③将预收账款与毛利率、存货周转率、营业收入等指标联合比较。通

常情况下，预收账款增加，企业的毛利率、存货周转率、营业收入也会上涨；如果预收账款增加，但毛利率、存货周转率或营业收入并没有增加，则企业很可能虚增了预收账款，要警惕关联交易。

④利用预收账款调整利润。某些企业会推迟或提前将预收账款确认为收入，以此来调整营业收入粉饰利润。比如公司今年业绩很差，但是认为明年业绩会上涨，就提前将明年的预收账款确认为收入；反之，如果今年业绩很好，但是担心明年业绩会下滑，就将今年的预收账款推迟到明年确认。

⑤预收账款长期挂账。预收账款账龄一般在 1 年以内，如果预收账款账龄很长，通常都有财务造假的嫌疑。如果长期挂账在借方余额，说明股东可能出资不实、抽逃资金或者资金被非法挪用；如果长期挂账在贷方余额，说明企业很可能隐匿收入偷漏税或者代人进账。

老板财务笔记 ✎

预收账款是指企业在销售商品或提供服务之前，先从客户那里收取款项，而商品或服务的交付则在未来进行，这实际上构成了一种预收款行为，而非赊销（赊销通常是指先发货后收钱）。在会计处理上，预收账款被归类为流动负债，直到企业履行了相应的履约义务并开具销售发票后，这部分预收账款才转化为营业收入，并最终在利润表中体现。区别预收账款和合同负债的关键是确认该款项与履约义务是否有因果关系。

通常情况下，预收账款的增加往往预示着公司未来销售收入的潜在增长和盈利能力的提升，二者之间存在正相关关系。与应付账款相似，预收账款不仅能够反映出公司在行业中的地位和经营管理能力，还因其特性容易成为资金转移、洗钱、偷税漏税等不法行为的潜在工具，因此属于高风险会计科目。通过分析预收账款，可以及时发现企业经营的异常行为，最大限度地减免财务造假带来的风险和危害。

1.10　应付职工薪酬：
每个月要支付的员工工资应该怎样核算

快到月中发薪日了，人力部把核算好的员工工资表交给阿志。面对公司众多岗位与薪资结构各异的员工，阿志注意到，除了基本工资外，还涉及奖金、补贴、销售提成以及依据国家规定计算的加班工资等复杂项目。在会计领域，这些每月需支付给员工的报酬统称为"应付职工薪酬"，尽管其核算过程烦琐，却是每位员工密切关注的焦点。

1.10.1　应付职工薪酬有哪些

应付职工薪酬是指企业向员工给予的各种形式的报酬或补偿，以及提供给职工配偶、子女、受赡养人，还有已故员工遗属及其他受益人等的福利，是一个人见人爱的科目，所有员工都希望它计提时尽可能大。通常应付职工薪酬包括以下几类。

①短期薪酬：指企业预期在职工提供相关服务的年度报告期间结束后的 12 个月内将全部予以支付的职工薪酬，包括工资、奖金、津贴、补贴、福利费、五险一金、工会经费和教育经费、短期带薪缺勤、短期利润分享计划等，但不包括因解除劳动关系而给予的补偿。

②离职后福利：涉及员工退休或离职后，企业提供的报酬与福利。

③辞退福利：在劳动合同期满前，企业因解除劳动关系或鼓励员工自愿离职而给予的补偿。

④其他长期职工福利，包括长期带薪缺勤、长期残疾福利、长期利润分享计划等。

1.10.2　应付职工薪酬的核算

应付职工薪酬的会计核算分为计提、代扣、支付、缴纳四个步骤。首先计算并确认当期应付职工薪酬；接着从职工薪酬中代扣各种款项，包括个人所得税、社保和住房公积金、为职工垫付的水电房租等费用；然后支付工资、津贴补贴等薪酬；最后缴纳职工社保和住房公积金。

工资是薪酬中最重要的组成部分，常见的工资结算方式包括计时工资、计件工资和加班工资。

①计时工资：按考勤记录登记的职工出勤天数、缺勤天数和每人的工资标准进行计算。

②计件工资：按产量记录和计件单价进行计算。产量包括合格品数量和料废品数量。

集体计件工资以班组为计件对象，按上述方法先计算出小组集体应得的计件工资总额，再在组员之间分配，计算出个人应得工资。

③加班工资：根据《中华人民共和国劳动法》第四十四条规定，安排劳动者延长工作时间的，支付不低于工资的150%的工资报酬；休息日安排劳动者工作又不能安排补休的，支付不低于工资的200%的工资报酬；法定休假日安排劳动者工作的，支付不低于工资的300%的工资报酬。

1.11 应交税费：
老板应该如何看待各类税费

前段时间，强盛公司承包的游乐场绿化翻新工程完工了，游乐场根据合同支付了尾款。阿志看了会计拿来的入账明细，发现各种需要缴纳的税费里面，增值税和企业所得税占了大头，合计有 20 800 元，城建税、教育费附加和地方教育附加合计 1 296 元，也就是说，游乐场绿化翻新业务产生的应交税费共有 22 096 元。

1.11.1　什么是应交税费

企业在一定时期内取得营业收入并实现利润，要按规定向国家缴纳各种税费，并在财务上进行预提处理。这些应该缴纳的税金在尚未缴纳之前暂时停留在企业，形成一项负债，就叫应交税费，通俗地说，就是企业欠国家的钱。

1.11.2　应交税金和应交税费的区别

应交税费是按照企业的收入或利润来计算，或按照企业的实际支出来计算的税款，而应交税金则是指企业在经营活动中产生的税款，可以简单理解为不包括其他应交款的应交税费。二者的用处、范围、内容、缴清时间均不相同。

①用处不同：应交税金多用于满足收费单位本身业务支出的需要，一般是专款专用；应交税费是由国家通过预算统一支出，用于社会公共需要，除极少数情况外，一般不实行专款专用。

②范围不同：应交税金包括矿产资源补偿费、印花税、耕地占用税，以及在上缴国家之前，由企业代收代缴的个人所得税等；应交税费包括增值税、消费税、企业所得税、资源税、土地增值税、城市维护建设税、房产税、城镇土地使用税、车船税、教育费附加等。

③内容不同：应交税金是原会计制度的科目，应交税费是新会计准则的科目，应交税费比应交税金的核算内容增加了其他应交款，如教育费附加等。

④缴清时间不同：应交税金应在年底向税务部门缴清，而应交税费则应在年初交清。

根据 2007 年新会计准则的相关规定，取消应交税金和其他应交款科目，替换为"应交税费"。

1.11.3　应交税费的核算

在资产负债表中，如果应交税费表现为负数，则有可能是企业多交税、少计提税费，或者是当期增值税有留抵税额。若是多交税了，可向税局提出申请，用来冲抵以后月份的税费；若是少计提了税费，则需要及时补增；若是增值税有留抵余额，出现负数是正常现象，不用处理。

1.12 其他应付款：
公司在哪些情况下会欠个人款项

这个月，阿志辞退了一名销售人员。这名员工入职一年多，近半年的业绩一直不理想。根据《中华人民共和国劳动法》规定，除了当月工资 2 000 元、提成 200 元、各类补贴 200 元以外，公司还要额外支付给他一个月的工资 2 000 元作为离职补偿金，此外，该员工当月替公司临时垫付了一笔宣传资料印刷费 500 元，共计 4 900 元，需要一并核销。

通过前面的学习，阿志认为，这 4 900 元应该计入应付职工薪酬。事实真是这样吗？

1.12.1 什么是其他应付款

其他应付款是指与企业的主营业务没有直接关系的应付、暂收其他单位或个人的款项，如各类租金、押金、员工持股计划、欠股东的借款、其他单位和个人的暂垫款等，属于企业的一项负债。因此，该员工在职期间为公司临时垫付的 500 元，属于其他应付款。

其他应付款核算的内容往往比较混杂，类似于"垃圾桶"账户，是税务稽查的重点项目。

一般情况下，企业的其他应付款总体规模或者占总负债的比例都相对较小，如果规模或占比相对较大，就要给予重点关注，分析其具体的构成及来源。

1.12.2 其他应付款的涉税风险

公司会产生其他应付款，无外乎和债权人、老板、股东、法人、员工、财务这些人有关系，实际上除了债权人的债务要清偿，不管后面财务换了几个，其他的都可以一直挂在账上，可谓是"铁打的其他应付款，流水的财务"。

此外还有一些较为特殊的情况，也会涉及税务风险。比如，阿志的公司前年曾收到一笔建材包装押金5万元，一直逾期未退回，也未转为收入未申报增值税，截至目前一直挂账在其他应付款下。根据《国家税务总局关于取消包装物押金逾期期限审批后有关问题的通知》规定，

纳税人为销售货物出租出借包装物而收取的押金，无论包装物周转使用期限长短，超过一年（含一年）以上仍不退还的均并入销售额征税。

因此，上述做法存在逃税的风险，正确做法是将其转入营业外收入并缴纳增值税。

又如，2020年，强盛公司有一笔13万元的应付账款，由于供应方倒闭后失联，一直无法偿付，截至目前也一直挂账在其他应付款下。根据《国家税务总局关于企业取得财产转让等所得企业所得税处理问题的公告》规定，

企业取得财产（包括各类资产、股权、债权等）转让收入、债务重组收入、接受捐赠收入、无法偿付的应付款收入等，不论是以货币形式，还是非货币形式体现，除另有规定外，均应一次性计入确认收入的年度计算缴纳企业所得税。

因此，正确的处理方法是将这13万元转入营业外收入并缴纳企业所得税。

老板财务笔记 🖊

> 其他应付款是指企业需要支付的跟主营业务无关的款项，通常是单位或个人暂收或暂垫的。其他应付款属于企业负债，核查内容多，操作空间大，有较大的涉税风险，在财务上应该重点关注。对于长期挂账或规模占比较大的其他应付款，应该核查来源，通过制定财务预算、优化供应链管理、开源节流和清理账目等方法来进行调整。

1.13 未分配利润：
公司的利润一半分给 3 位老板，剩下的钱该如何处理

　　强盛公司的业务今年有了起色，年底核算时，除去各种成本和费用，还净赚了 300 万元左右。阿志和公司的另外两名股东商议之后，决定将其中的 150 万元给三位老板拿来分红，剩下的 150 万元作为未分配利润，用于下一年公司扩建。

1.13.1 什么是未分配利润

　　未分配利润，顾名思义，就是没有进行分配，也没有指定用途的利润。相对于所有者权益的其他部分来说，未分配利润的使用有较大的自主权，可以滚存至以后年度继续进行分配，在分配之前属于所有者权益，是连接资产负债表和利润表的纽带。

　　未分配利润＝期初未分配利润＋本期实现的净利润－本期提取的盈余公积－本期给投资者分配的利润

　　从这个公式可以清楚地看出，未分配利润是从净利润中结余下来的、经过提取盈余公积和向投资者分配利润后留存在企业的、历年结存的利润。简单地说，未分配利润来自净利润。那么净利润又是如何形成的呢？

　　根据《中华人民共和国公司法》（以下简称《公司法》）规定，在利润总额为正的情况下，企业首先要按照以下顺序进行分配：

　　①弥补以前年度亏损；

　　②交纳所得税费用；

　　③提取法定盈余公积金；

　　④提取任意公积金；

⑤分配优先股股利；

⑥分配普通股股利。

在上述分配全部完成后，最后剩下来的部分就是未分配利润。未分配利润的用途一般包括转增股本、以后年度利润分配、企业未来经营发展、弥补以前年度经营亏损等。

1.13.2　未分配利润越多越好吗

由于未分配利润是企业利润总额扣除各项支出后剩余的盈余，因此它能够反映企业的盈利状况。在通常情况下，未分配利润增加，说明企业经营效果好，盈利能力强；反之，则说明企业获利能力下降，利润减少。

假如一家公司 2021 年底财务报表上未分配利润的金额是 100 万元，2022 年公司通过经营获得了 50 万元的盈利（且假设没有其他影响未分配利润的因素），那么在 2022 年底统计的财务报表上，未分配利润就是 150 万元。

需要注意的是，未分配利润多虽然可以反映企业有一定的盈利能力，但并不一定代表企业资金充足。因为未分配利润可能包含一些无法及时给公司创造现金流的项目，比如应收票据、应收账款等。这种情况下，账面上虽然显示有钱，但实际上账户里却没有足够的现金流。现实中，被这种坏账拖垮的企业不在少数。因此，相对于利润来说，老板应该多关注现金流情况，企业如果没有利润但有现金流，是可以存续的，但如果没有现金流只有利润，经营就难以为继。

同理，企业有了巨额的未分配利润，能否分配也得看它的构成。未分配利润里面可能有一部分永远无法分配给股东。一方面，净利润是由权责发生制计算的，可能全都是应收账款，没有现金流入；另一方面，有一部分钱变成了存货、固定资产、在建工程以及其他投资。也就是说，未分配利润中必须含有现金利润才能分红。很多上市公司年报中未分配利润的数额很大，但一直都不能分红，就是因为其现金利润占比太少甚至为负。

因此，未分配利润并非越多越好。很多企业账面上的未分配利润只是数字上的好看，实际上并不能真正反映企业的现金流状况。分析企业的盈利能力时，必须将未分配利润和自由现金流结合起来考虑。不管未分配利润里面是否有真金白银，企业在将未分配利润转增为个人股东股本时，都必须按规定代扣代缴个人所得税，否则在税务稽查时，就会被责令补扣补缴并可能面临罚款。此外，企业在停业注销时，账面上的未分配利润同样要视同利润分配，并全额征收 20% 的个人所得税。

第 2 章
如何看公司收入、成本、利润的构成

收入是指企业在日常活动中形成的、会导致所有者权益增加的、与所有者投入资本无关的经济利益的总流入，就是一共有多少钱进账。收入的来源一般有销售商品、提供劳务收入和让渡资产使用权。

成本是生产产品或者提供劳务所需要的全部费用，就是一共花了多少钱。企业为进行生产经营活动，购置各种生产资料或采购商品，而支付的价款和费用，就是购置成本或采购成本。

利润是企业经营效果的最终反映，就是赚了多少钱。企业实现了利润增长，表明企业所有者权益增加、业绩得到了提升。我们可以将利润分为营业利润、利润总额和净利润三部分。

利润＝收入－成本（费用），这是三者的关系，也是利润表的编制原理。

2.1 主营业务收入：
为什么强盛公司的主要收入来源是建筑工程

最近强盛公司接连承包了好几个工程项目，库存的建材也卖得差不多了。阿志想知道，哪些业务是最赚钱的。于是，会计做了一个主营业务收入构成表，阿志一看就明白了，建筑工程和建材销售占比达到74%，毫无疑问是公司的主要收入来源；而工程咨询管理的市场需求较小，只占1.7%，未来还有很大的拓展空间。

2.1.1 什么是主营业务收入

主营业务收入指企业从事某种主要生产、经营活动所取得的收入，就是公司从事主业的收入。比如制造业销售产品、半成品和提供工业性劳务作业的收入，商品流通企业销售商品的收入，旅游服务业的门票收入、客户收入、餐饮收入等。

主营业务收入在不同行业中的名称均不相同。在农业企业和交通运输企业中指"主营业务收入"，在工业企业中指"产品销售收入"，在建筑企业中指"工程结算收入"，在批发及零售贸易企业中指"商品销售收入"，在房地产企业中指"房地产经营收入"，在其他企业中指"经营（营业）收入"。

2.1.2 主营业务收入的确认

主营业务收入的确认非常重要，它不仅是监管机构、股东和投资者衡量企业经营业绩和财务健康状况的重要指标，还关系到流转税纳税时间的确定，甚至影响成本、其他业务收入费用的正确结转。根据现行的《企业会计制度》规定，企业销售收入的确定，应遵循权责发生制的原则，企业应当在发出商品、提供劳务，同时收讫价款或取得索取价款的凭据时，确认销售收入的实现。

对于主营业务收入是商品销售的企业来说，确认商品销售的收入需要同时满足四个条件：一是企业已将商品所有权上的主要风险和报酬转移给购货方；二是企业既没有保留通常与所有权相联系的继续管理权，也没有对售出的商品实施控制；三是与交易相关的经济利益能够流入企业；四是相关的收入和成本能够可靠地计量。

怎么理解呢？比如，强盛公司销售建材给泰顺装修公司，一手交钱一手交货，这批建材此后如果在运输途中发生损毁，与强盛公司无关，而泰顺公司利用这批建材赚取的利润也和强盛公司无关。这就表明这批建材所有权上的主要风险和报酬转移给了泰顺公司，强盛公司没有这批建材的后续管理权。收到货款也就意味着这笔交易的经济利益已经流入了强盛公司，相关的收入和成本能够可靠计量。

对于主营业务收入是提供劳务（如加工、运输、装修等）的企业来说，确认提供劳务的收入分为两种情况：如果劳务在同一会计年度内开始并完成，应当在完成时确认收入；如果劳务的开始和完成分属不同的会计年度，就应采用完工百分比法，在资产负债表日根据已完成的劳务进度来确认相应的收入。比如，2021 年 9 月强盛公司承包了一项建筑工程，合同金额为 100 万元，至 2021 年底，已完成工程进度的 80% 并收到合同款 80 万元，则应于 2021 年 12 月 31 日确认收入 80 万元及相应的成本费用。

2.1.3　主营业务收入分析

对于任何一家公司来说，做好本职工作都是头等大事，通常情况下，主营业务收入占营收比例越大，说明企业的经营活动和盈利能力越稳定。主营业务收入是企业财务报表中最重要的科目之一。它能清晰地列示收入来源，体现各项业务的不同性质，反映企业销售业绩和商业模式的有效性。

表 2-1 是强盛公司 2019—2021 年的主营业务收入构成表。可以看出，公司的主营业务收入包括建筑工程、建材销售、设备出租（包括机械设备和交通设备如货车等）、建筑设计（包括房屋设计和广告设计等）和工程咨询管理。除了受外界因素影响，2021 年的建材销售有一定增幅以外，其他业务收入的波动和占营收比例的变化都不大。这说明，强盛公司目前的经营比较稳定，商业模式和盈利结构都比较合理。从表中还可以看出，在所有主营业务收入中，建筑工程占比最大。因此，对于强盛公司来说，建筑工程就是最主要的收入来源。

表 2-1　强盛公司 2019—2021 年主营业务收入构成表

单位：万元

业务类别	2019 年		2020 年		2021 年	
	金额	占比	金额	占比	金额	占比
建筑工程	247.30	66.50%	278.35	64.56%	214.78	56.43%
建材销售	38.89	10.46%	50.91	11.81%	67.50	17.74%
设备出租	28.06	7.55%	32.78	7.60%	31.30	8.23%
建筑设计	52.24	14.05%	61.85	14.35%	60.71	15.95%
工程咨询管理	5.36	1.44%	7.26	1.69%	6.30	1.66%
合计	371.85	100.00%	431.15	100%	380.59	100%

需要注意的是，并不是在所有建筑公司的主营业务里，建筑工程的占比都是最高的。有的建筑公司从事自主房地产开发和销售，房地产销售是其营业执照中的主营项目，在营收中占比也最高。那么对这类建筑公司而言，其主营业务收入显然就是房地产销售。

老板财务笔记 ✐

主营业务收入是企业从事主要生产经营活动的收入，在利润表中属于损益类科目。主营业务收入是企业核心经营活动的直接结果，具有长期稳定性和周期性特点，对衡量企业经营绩效和财务状况都具有重要意义。通过分析主营业务收入，能够判断一个企业的主要收入来源是什么，以及它的经营模式和业务构成是否合理。

2.2　其他业务收入：
建筑公司出售建材多余原料和包装物的收入属于什么类型

阿志让行政部变卖处理了公司上次业务剩余的一些边角料和木箱、铁丝等包装物，获得了 3 200 元的收入。阿志认为，这些多余的原料和包装物是在上次建材的销售过程中产生的，因此这笔收入应该和销售建材一样，同属主营业务收入，事实真的是这样吗？

2.2.1　什么是其他业务收入

其他业务收入是指企业除主营业务以外，通过销售商品、提供劳务收入及让渡资产使用权等日常活动所取得的收入，就是公司从事副业的收入。常见的其他业务收入包括残次品和多余原材料出售、无形资产的授权和出租（以出租无形资产、品牌授权为主营业务的除外）、包装物出售、固定资产出租、包装物出租运输（非运输企业）等。偶尔还有一些大型生产企业会自己出面采购供应商所需原材料，然后卖给供应商，以确保供应商为自己生产配件使用的是合格或优质原材料。这类采购和销售带来的收入，也归入其他业务收入。因此，强盛公司变卖建材包装物和边角料取得的 3 200 元收入，应当属于其他业务收入，而不是主营业务收入。

一般情况下，其他业务活动的收入不大，发生频率不高，单笔金额较小，在收入中的比重也较低。但是，当其他业务收入的发生频率提高，成为经常性收益的时候，应当确认为主营业务收入。

随着经济不断发展，现代的企业经营已逐渐超出了传统范畴，除了技术服务、代理服务、增值服务、广告服务等收入方式，企业还可依靠副业获取其他业务收入。比如通过参与展览和免费宣讲会等活动来出租服务、出售产品、出借资金，或是通过设立基金，以及与其他公司联名投资或担保来获得金融收益。

$$其他业务收入 + 主营业务收入 = 营业收入$$

在利润表里通常会同时列示主营业务收入和其他业务收入。前者相当于干主业，是公司核心收入来源；后者相当于搞副业，是非核心业务产生的收入来源。二者都和企业的日常活动有关，加在一起就构成了营业收入。

2.2.2　营业收入分析

营业收入，通俗讲就是公司通过经营赚来的钱。巴菲特分析利润表时看的第一个指标就是营业收入。营业收入分析是对企业的经营战略和经营成果进行分析和评价的重要内容，也是对企业进行资产评估和利润预测的基础。

进行营业收入分析时，首先要了解企业营业收入的来源，也就是企业的产品和业务结构。比如，强盛公司的核心业务是建筑工程，营收占比在50%以上。这表明公司产品和业务种类相对集中，有助于未来收益和投资回报的预测。

接下来，需考虑企业营业收入的特性和影响因素。不同行业的企业，其营业收入可能受到不同因素的影响。如强盛公司所在的建筑行业，受区域和季节影响相对较小。然而，许多其他行业，如IT行业，其营业收入可能具有较强的区域性和季节性。例如，某些在海外布局的IT公司，其大部分营收可能来自海外；而空调生产企业，在夏季的营收则可能远高于冬季。

此外，营业收入的增长率也是分析的重点。营业收入作为利润的静态指标，其增长率能反映出企业利润的动态变化。通常，公司营业收入上升而利润未增甚至下滑，可能预示着公司业绩即将迎来拐点，反之亦然。

在评估营业收入时，还需关注其含金量。由于利润表基于权责发生制，因此亮丽的业绩增长数据并不一定代表实际现金流入。为判断公司营业收入的真实性和质量，可计算应收账款占营业收入的比例，该比例越高，说明营业收入的含金量越低。对于不同行业的公司，可通过以下公式计算营业收入的现金含量：

营业收入现金含量＝销售商品、劳务收到的现金÷营业收入

以强盛公司为例，其2021年营业收入为460万元，现金收入为320万元，若不考虑混合销售和兼营对增值税率的影响，则公司2021年营业收入的现金含量为320÷460≈0.70，表明公司每100元营业收入中，有70元为实际现金收入，显示出较高的现金含量和营业收入质量。

老板财务笔记

> 营业收入是财务报表的起点，也是利润表的第一个科目，其重要性不言而喻。对于老板和投资者来说，想要预测企业未来的收益和投资回报，不能只看账面上营业收入的数据，还要结合业务构成、增长率、含金量等多项指标来进行综合分析。

2.3　营业外收入：
为什么出售废弃的设备属于额外收入

行政部在盘点固定资产时发现了一台废弃多年的建材加工设备，之后出售该设备获得了 5 000 元的收入。对于公司来说，这笔收入是在计划之外偶然得到的。既然并非主业收入，这笔收入是否属于其他业务收入呢？

2.3.1　什么是营业外收入？

营业外收入是指与企业日常营业活动没有直接关系的各项利得，是营业利润以外的收益。如果说主营业务收入是主业的收入，其他业务收入是副业的收入，那么营业外收入就相当于天上掉下来的馅饼，是额外获得的收入。因为它并不是由企业耗费经营资金所产生的，不需要企业付出代价，是真正意义上的"横财"，因此不可能也不需要与有关费用进行配比。

营业外收入的来源通常有非流动资产毁损报废损失、债务重组利得、盘盈利得、因债权人原因确实无法支付的应付款项、政府补助、教育费附加返还款、捐赠利得、罚款收入。比如，2020 年阿志的公司有一笔 13 万元的应付账款，由于供应方倒闭失联而无法偿付，在经税务局确认后就属于营业外收入。

2.3.2　营业外收入和其他业务收入、其他收益的区别

其他业务收入是搞副业的收入，属于日常收入，影响营业利润；营业

外收入则是"天上掉馅饼"的收入，不属于日常收入，不影响营业利润，但影响当期利润总额。比如，强盛公司出售建材包装物的收入是其他业务收入，而出售废弃设备获得的是营业外收入。

"其他收益"主要用于核算与企业日常活动相关、但不宜确认收入或冲减成本费用的政府补助。营业外收入和其他收益表示两种不同类型的收入来源，主要区别在于它们和公司主营业务的关联程度；其他收益通常是与公司主营业务相关的，但不直接产生于核心业务活动的收入。这些收益可能来源于非主要业务的销售。比如公司出售废弃设备，属于营业外收入，但如果出售的是该设备报废前在加工过程中产生的副产品或废料，则属于其他收益。

2.3.3　营业外收入分析

营业外收入的数额一般较少，通常情况下，营收比在10%左右为上限，如果超过10%，就需要给予关注并分析原因。由于营业外收入跟经营活动没有关系，不会持续发生，因此在财务报表上通常都显得不那么可靠。

比如，阿志和老胡的公司去年都赚了500万元，投资人小王想选择其中一家进行投资，在仔细查看了两家公司的利润表之后，小王发现，强盛公司所获得的500万元利润中，有480万元来自营业利润，20万元来自营业外收入；而老胡公司的500万元利润中，有400万元来自营业利润，100万元来自营业外收入。可以看出，老胡公司的盈利中，不可持续的项目占比要高于阿志的公司，不出意外的话，明年肯定是强盛公司的利润更高，所以小王最终选择了投资阿志的公司。

可见，营业外收入占比能反映企业项目的可持续性，进而预测企业未来的盈利情况。

2.3.4 营业外收入的税务处理

根据《中华人民共和国关于企业所得税核定征收若干问题的通知》规定，"应税收入额"等于收入总额减去不征税收入和免税收入后的余额。

营业外收入是会计核算上的概念，企业所得税中的收入指的是企业以货币形式和非货币形式从各种来源取得的收入。因此，营业外收入需要并入企业的收入总额中计算企业所得税。

那么，营业外收入是否需要缴纳增值税呢？首先，要判断该项业务是否属于增值税应税行为。假如强盛公司收到了一笔 20 万元的捐赠款，这笔业务就不属于增值税应税行为。其次，要看其中是否包含价外费用。若由销售方额外收取，就是价外费用，需要缴纳增值税；若由购买方额外收取，就不是价外费用，不需要缴纳增值税。根据《增值税暂行条例实施细则》第十二条规定，价外费用，包括价外向购买方收取的手续费、补贴、基金、集资费、返还利润、奖励费、违约金、滞纳金、延期付款利息、赔偿金、代收款项、代垫款项、包装费、包装物租金、储备费、优质费、运输装卸费以及其他各种性质的价外收费。

比如，强盛公司获得了一笔罚款收入 5 000 元，对方逾期 10 天才支付，产生滞纳金 50 元，这 50 元就是价外费用，需要缴纳增值税。

2.4 主营业务成本：
一个工程费用支出项目众多，哪些是主营业务成本

强盛公司承包了一项工程，造价 150 000 元，施工成本 60 000 元，水电费 5 000 元，中途一台施工设备出现故障，维修费用 8 000 元，施工途中运送物资产生了卡车油费 3 000 元、高速费 1 500 元、装卸费 1 200 元，另外工地还聘请了两名保安，每人的薪资为 2 500 元。那么这笔业务的成本一共是多少？公司一共赚了多少钱呢？

2.4.1 生产成本：如何核算生产过程中的生产成本

主营业务成本是指企业销售商品、提供劳务等经营性活动所发生的成本，包括生产成本、劳务成本、制造费用。

生产成本是直接材料、直接人工和制造费用的总和。直接材料是指直接用于产品生产的材料成本；直接人工是指直接从事生产或劳务的工人的工资、津贴、补贴和福利费以及社保等费用；制造费用指生产产品和提供劳务所发生的各项间接费用。简而言之，生产成本可以看作是直接材料、直接人工和制造费用的总和，其中制造费用代表了间接产生的材料、人工和其他费用，而生产成本中的直接部分则直接对应于特定的产品或劳务。

比如，一家工厂有两条流水线：A 线生产玻璃水杯，B 线生产五金水壶。流水线 A 有 5 名工人，每人薪资为 3 500 元，流水线 B 有 7 名工人，每人薪资为 4 000 元，车间主任薪资为 8 000 元。当月该车间一共生产了玻璃杯 15 000 个，单件成本 1.3 元；五金水壶 10 000 个，单件成本 3.5 元；使用黏合剂 300 元，车间水电费 1 500 元，那么该工厂当月的生产成本有哪些，各是多少呢？

首先要弄清楚，这些支出里面属于直接材料、直接人工和制造费用的有哪些，如表 2-2 所示。

表 2-2 生产水杯、水壶的成本构成

生产成本	水杯	水壶
直接材料	玻璃	五金
直接人工	生产工人（生产水杯的）	生产工人（生产水壶的）
制造费用	黏合剂（间接材料费） 车间管理人员工资（间接人工费） 水电费（其他支出）	

这里产生了两个问题：第一，黏合剂也是用来生产水杯和水壶的，为什么不是直接材料而是制造费用？第二，车间管理人员的工资是在生产过程中形成的，为什么也是制造费用而不是直接人工？

要判定材料或人工是直接还是间接，关键是看其能否直接进行归集。比如黏合剂，是用来黏合把手等部件的，但在当月消耗的 300 元黏合剂里，很难区分用于黏合水杯的有多少，用于黏合水壶的又有多少；同理，生产工人的薪资可以根据其所在流水线的不同进行归集，但车间主任的薪资就不行，无法判定有多少产生于流水线 A，又有多少产生于流水线 B。

搞清了分类问题，接下来计算就很简单了，直接材料是玻璃和五金，按计件法计算就是 15 000×1.3+10 000×3.5=54 500 元，直接人工是 5×3 500+7×4 000=45 500 元，制造费用是 300+8 000+1 500=9 800 元。当月的生产成本共计 54 500+45 500+9 800=109 800 元。

这个例子是简化后的算法，实际上，不同的企业由于生产的工艺过程、生产组织和管理要求不同，生产成本计算的方法也不一样。常用的成本计算方法主要有品种法、分批法和分步法。

①品种法：以产品品种作为成本计算对象来归集生产费用、计算产品成本的一种方法，适用于大批量单步骤生产的企业，如发电、采掘等，以

及虽属于多步骤生产，但不要求计算半成品成本的小型企业，如水泥、制砖等。

②分批法：也称订单法，是以产品的批次或订单作为成本计算对象来归集生产费用、计算产品成本的一种方法，适用于单件和小批的多步骤生产企业，如重型机床、船舶制造、精密仪器和专用设备等。

③分步法：按产品的生产步骤归集生产费用、计算产品成本的一种方法，适用于大量或大批的多步骤生产企业，如机械制造、纺织、造纸等。

2.4.2 劳务成本：公司支付的劳务成本包含哪些方面

劳务成本是指企业提供劳务作业而发生的成本，包括提供修理、搬运、装卸等服务时发生的人工工资、福利、劳保，以及其他相关费用。而生产成本是企业为生产商品和提供劳务等所发生的各种耗费和支出。两者是不一样的。比如本节开头提到的强盛公司承包的工程项目中，油费、高速费、装卸费以及保安的薪资都属于劳务成本。

2.4.3 制造费用：生产车间的机器折旧应该怎样核算

制造费用涵盖了企业生产过程中不直接对应于特定产品的各项间接支出，这包括间接材料费、间接人工费用、折旧费、低值易耗品摊销、生产部门的水电费、固定资产折旧、无形资产摊销、管理人员薪酬、劳动保护费、环保费用以及季节性和修理期间的停工损失等。这些费用虽然不直接与产品相关联，但却是生产过程中不可或缺的支出。

在会计实务中，成本类科目分为四个一级科目：生产成本、劳务成本、研发支出和制造费用。其中，生产成本下又细分为三个二级科目：直接材料、直接人工和制造费用（这里指的是生产成本中归集的间接费用）。需要注意的是，这里的制造费用（二级科目）与制造费用（一级科目）在核算内容上是一致的，都是指间接费用，但它们的会计处理有所不同。具体来说，所有生产过程中产生的间接费用首先归集到制造费用（一级科目），然后再根据不同产品分配到生产成本中的制造费用（二级科目）中。

在核算生产车间的机器折旧时，应将其视为制造费用的一部分。只有生产部门发生的固定资产折旧（如机器折旧）才能计入制造费用。例如，某工厂车间有一台机器，其月折旧额为一定数额，那么这笔折旧费用就应计入该车间的制造费用。

此外，需要注意的是，只有与生产直接相关的费用才能计入生产成本和制造费用。如果某项费用与生产无直接关联，如从其他部门借用的设备的折旧费，则应计入相应的管理费用或其他费用。

回到开头的问题，强盛公司承包的工程项目中，施工途中产生的水电费5 000元应计入制造费用。已知劳务成本为17 700元，施工成本为60 000元，这笔业务的总成本为5 000+17 700+60 000=82 700元。因此，公司赚取的利润为150 000-82 700=67 300元。

老板财务笔记 ✍

主营业务成本增长率和主营业务收入增长率常常拿来作对比分析，能够反映企业的经营状况和发展阶段。

劳务成本是企业为提供劳务作业而产生的成本，不能跟生产成本混为一谈。只有生产部门发生的水电、固定资产折旧等费用才能视为制造费用，否则应视为管理费用。

2.5 其他业务成本：
建筑公司在给客户做广告设计时会产生哪些费用

年初，阿志的公司为一家开发商设计了一个建筑广告，其中设计费、制作费、施工费合计为 15 000 元。然而，由于中途更换设计师导致交付延期，客户一度拒绝支付。经过仲裁后，客户同意验收并支付款项，但此时合同已逾期三个月。根据合同约定，强盛公司需要向客户支付 30% 的违约金 4 500 元。

广告设计并不是强盛公司的主营业务，那么这笔业务产生的 6 000 元成本和 4 500 元违约金应如何分类呢？

2.5.1 什么是其他业务成本

其他业务成本是指企业确认的除主营业务活动以外的其他日常经营活动所发生的支出，包括销售材料的成本、出租固定资产的折旧额、出租无形资产的摊销额、出租包装物的成本或摊销额等，以及采用成本模式计量投资性房地产计提的折旧额或摊销额。

2.5.2 其他业务成本和营业外支出的区别

其他业务成本与企业的日常经济活动直接相关，产生的费用相对固定，其变动不会对公司财务状况产生太大影响，而营业外支出是偶然性的支出，是不定期费用，与日常经济活动没有直接关系，一般会随着经营活动的需要产生变化。

在会计实务中，其他业务成本包括销售材料、提供劳务、包装物出租及其相关的税金和附加；营业外支出包括固定资产盘亏、处理固定资产净损失、出售无形资产损失、债务重组损失、计提固定资产减值准备、计提无形资产减值准备、计提在建工程减值准备、罚款支出、捐赠支出、非常损失。

比如开头提到，强盛公司给客户做广告设计，6 000 元的广告和施工成本就是其他业务成本，而违约金 4 500 元属于营业外支出。此外，二者在税法上的处理方法也不同。营业外支出中的罚款支出不能在税前扣除，公益性捐赠支出必须满足一定的标准才能扣除，而其他业务成本可以直接在税前扣除。

老板财务笔记

> 其他业务成本可以简单理解为企业搞副业的开支，跟企业的日常经营活动直接相关，产生的费用基本固定。而营业外支出跟企业的日常经营活动没有直接关系，属于偶然性、非持续性的开支，产生的费用是不固定的。无论哪种业务成本，都必须合理化分配与精细化控制，尽可能地降低费用，最大限度地提升企业效益。

2.6 销售费用：
公司用于抖音投流的费用是销售费用吗

快到年中了，按照公司惯例，要对销售部门的业绩进行半年度考核。上半年销售部超额完成了销售目标，但预算费用也超支了。阿志犯了难，这种情况应该怎样评价销售部门的业绩呢？下半年销售部门的预算外费用还能批准吗？

2.6.1 什么是销售费用

销售费用是指企业为销售商品和提供劳务而发生的各项费用，还包括固定资产修理等后续支出费用，如广告宣传费、销售人员薪酬、业务招待费、售后服务费、培训费、运输费、装卸费、包装费、展览费、保险费、销售佣金、代销手续费、经营性租赁费、差旅费、福利费等。比如公司在抖音、小红书、微博等自媒体上进行引流的费用是广告宣传费；组织销售人员进行培训的费用是培训费；销售建材给客户并送货上门的费用是运输费和装卸费等。需要注意的是，用于销售的商品，其本身的生产成本和劳务成本属于主营业务成本，不属于销售费用。

2.6.2 销售费用的税前扣除

根据《中华人民共和国企业所得税法》（以下简称《企业所得税法》）规定，企业在计算应纳税所得额时可以扣除与取得收入有关的、合理的支出，包括成本、费用、税金、损失和其他支出。

因此，企业可以根据真实合法的票据在税前扣除销售费用。如果票据缺失，销售费用里就只有销售人员的工资可以在税前扣除。

不同销售费用的税前扣除比例有所不同，且还会因地区、企业类型不同而变化，需严格按照税法规定的限额进行扣除。比如，业务招待费只能按照发生额的 60% 扣除，且最高不得超过当年销售收入的 5‰；广告费和业务宣传费的扣除限额不得超过当年销售收入的 15%；职工福利费、工会经费和职工教育经费的扣除限额分别为工资薪金总额的 14%、2% 和 8%。又比如，保险公司的手续费和佣金的扣除限额为当年全部保费收入扣除退保金后余额的 18%（含本数）以及合同确认收入金额的 5%。

2.6.3　销售费用的分析和管控

公司做费用预算时，销售人员提报的销售费用申请往往最让管理层头疼。给了，销售费用攀升，成本增加；不给，影响业务发展，损失更大。比较常见的做法是对销售费用进行总额控制，即设定费销比，使销售费用的预算金额与目标销售额保持一定比例。然而，费销比并非固定不变，它会随着市场开拓的不同阶段而有所调整。

在经营过程中，利用费销比对销售费用进行分析和管控是很有必要的。表 2-3 是强盛公司在 2021 年上半年的费销比统计表。

表 2-3　强盛公司在 2021 年上半年的费销比统计表

项目	1～6 月预算	1～6 月实际	差异
销售额目标 / 万元	1 600 000	1 720 000	120 000
销售费用预算总额 / 万元	190 000	207 000	17 000
费销比	11.88%	12.03%	14.17%

可以看出，强盛公司上半年超额完成了销售额目标 120 000 元，但为此也多发生了销售费用 17 000 元，预期的费销比目标并未达成。面对这种情况，企业应如何评价销售部门的业绩，并管控卜半年的销售费用？

首先，在评价销售部门业绩时，应根据企业发展阶段和市场竞争情况，合理设定销售额和费销比的考核权重。对于处于市场拓展期的企业，销售额的达成可能更为重要。其次，在管控预算外费用时，企业应采用相对管控方式，而非一刀切地拒绝所有预算外申请。当实际费用接近预算额度时，系统应发出预警，销售部门须提前进行预算外申请，以确保业务进展不受影响，这样就同时保证了预算的刚性和弹性。

老板财务笔记

> 销售费用是企业在销售过程中不可或缺的一部分，它涵盖了广告宣传费、差旅费、业务招待费等多个方面。在税前扣除时，需遵循税法规定，确保费用的合理性和合法性。同时，企业应结合实际情况，合理设定费销比和销售额的考核权重，并利用费控系统对销售费用进行精细化管控。在市场竞争激烈或特殊时期，企业需灵活调整策略，以确保业务发展与成本控制之间的平衡。

2.7 管理费用：
公司用于经营管理的钱怎么计算

某天，会计告诉阿志，公司 2020 年销售建材发生管理费用 48 万元，其中业务招待费 2.5 万元，根据税法相关规定，只能扣除一部分，剩下的需要调增并补缴所得税。阿志有些不明白，既然是销售建材产生的费用，不应该就是销售费用吗？其次，业务招待费为什么需要单独调增呢？

2.7.1 什么是管理费用？

管理费用指企业的行政管理部门为管理和组织经营而发生的各项费用，属于期间费用之一。根据《企业会计制度》规定：

管理费用包括行政管理部门职工工资、修理费、物料消耗、低值易耗品摊销、办公费和差旅费、工会经费、失业保险费、劳动保险费、董事会费、聘请中介机构费、咨询费（含顾问费）、诉讼费、业务招待费、房产税、车船税、城镇土地使用税、印花税、技术转让费、矿产资源补偿费、无形资产摊销、职工教育经费、研究与开发费、排污费、存货盘亏或盘盈（不包括应计入营业外支出的存货损失）、计提的坏账准备和存货跌价准备等。

2.7.2 管理费用的税前扣除和涉税风险

正常的管理费用是可以在计征企业所得税前扣除的，但是如果管理费用的产生来源是业务招待费、广告费等，《企业所得税法》规定了扣除限额，超出限额的部分不得在税前扣除，具体包括：

①企业发生的与生产经营活动有关的业务招待费支出，按照发生额的

60%扣除，但最高不得超过当年销售（营业）收入的5‰。

②企业发生的符合条件的广告费和业务宣传费支出，除国务院财政、税务主管部门另有规定外，不超过当年销售（营业）收入15%的部分，准予扣除；超过部分，准予在以后纳税年度结转扣除。

③企业发生的职工福利费支出，不超过工资薪金总额14%的部分，准予扣除。

④企业拨缴的工会经费，不超过工资薪金总额2%的部分，准予扣除。

⑤除国务院财政、税务主管部门另有规定外，企业发生的职工教育经费支出，不超过工资薪金总额8%的部分，准予扣除；超过部分，准予在以后纳税年度结转扣除。

管理费用关系到企业的资金使用效率和成本控制，还是税务稽查的重点。在财务管理中，涉及管理费用的税务风险主要是给予员工的补贴或福利没有及时代扣代缴个人所得税，比如餐费补贴、劳保费、团建旅游费等。

需要注意的是，股东或者员工报销的个人消费可能涉及多种税务问题，如虚抵增值税、偷逃企业所得税和个人所得税。

2.7.3　管理费用的分析和管控

管理费用作为三大期间费用之一，直接影响企业所得税的应纳税额，进而影响财政收入。在进行所得税纳税申报时，如果超过扣减限额，则必须在利润总额的基础上进行调增。

比如，强盛公司2020年度建材销售收入为400万元，发生管理费用48万元，其中业务招待费为2.5万元。国家税务总局核定的所得税税率为25%。那么根据上述规定，营业收入的5‰为20 000元，业务招待费的60%为15 000元，因此符合业务招待费的扣除标准为15 000元，而实际发生额为25 000元，故申报所得税时应调增应纳税所得额25 000−15 000=10 000元，因此由于业务招待费超标应补缴的所得税为 10 000×25%=2 500 元。

此外，企业的财务成果受收入和费用配比的影响。在不考虑其他因素的情况下，管理费用与利润总额呈负相关的关系。通常考察管理费用是否合理，会围绕以下两个指标进行分析：

①完成程度分析，包括绝对数分析和相对数分析两种。绝对数分析的计算公式为：

完成程度 = 实际完成数（或决算数）- 年初预算数

完成程度＞0 说明费用预算超额完成，完成程度＜0 说明费用预算未完成。相对数分析的计算公式为：

预算完成率 =（实际完成数 ÷ 年初预算数）× 100%

预算完成率＞100% 说明费用预算超额完成，预算完成率＜100% 说明预算任务未完成。

②年度间变动情况分析。这项分析主要用于企业上下年度之间的垂直比较，考核年度管理费用的管控成效。计算公式为：

管理费用率 =（管理费用 ÷ 主营业务收入）× 100%

管理费用率代表每一元钱的管理费用会占用多少营业收入，数值越小越好。管理费用作为一项固定费用，一般不会受业务量变动的影响。因此，如果上下年度之间的管理费用率差别不大，说明企业的运转情况正常；反之则说明企业要么超支要么过减，需要进一步关注和分析。

老板财务笔记

> 管理费用对企业所得税有重要影响，某些管理费用如餐补、房补、车补等还涉及一定的税务风险。企业在缴纳所得税时，对不符合扣除规定的管理费用要及时调增并补缴。管理费用可以从量化指标来进行分析，一旦发现费用超支，要及时分析原因，调整财务预算并开源节流，最大限度地降低财务风险。

2.8 财务费用：
向银行贷款的利息支出是什么费用

年中，强盛公司向银行申请了一笔500万元的长期借款，期限为十年。按照年利率4.9%计算，每月利息为20 420元。会计说这笔利息属于财务费用。可在月底的财务报表上，阿志却找不到这笔费用的记录，财务费用也并不是20 420元。

难道是会计出错了？公司向银行贷款的利息支出是否属于财务费用？

2.8.1　什么是财务费用

财务费用是指企业因筹资、投资或者支付性费用而必须承担的费用。其中，筹资支付的费用指企业从外部借入资金产生的手续费；投资支付的费用指企业从事投资活动产生的手续费、承销费等；支付性费用指一些为企业财务操作和业务实施提供服务的费用，如记账、经营咨询费等。

相比于销售费用和管理费用，财务费用的数额和占比通常都不大，划定的界限也很清楚。由于财务费用是企业投融资活动产生的，因此，通常情况下财务费用只有四大类：利息支出减去利息收入后的利息净支出、汇兑损失减汇兑收益的汇兑净损失、银行等金融机构的手续费、其他财务费用如现金折扣和融资租赁固定资产发生的租赁费用。

比如开头提到的，强盛公司向银行借了一笔500万元的长期借款，同期公司在银行的存款共有3 000 000元，按长期借款利率4.9%和存款利率2.75%来计算，当月利息支出是5 000 000×4.9%÷12≈20 420元，当月利息收入是3 000 000×2.75%÷12=6 875元，利息净支出是20 420−6 875=13 545元，即当月财务费用为13 545元。

需要注意的是，有一些费用虽然属于利息支出，但是并不计入财务费用，比如企业购建固定资产或者无形资产，尚未交付使用或者虽已交付使用但尚未办理竣工决算之前的利息支出，应计入购建资产的价值；企业在筹建期间发生的利息支出，应计入开办费；企业在清算期间发生的利息支出，应计入清算损益。

2.8.2 期间费用的分析和管控

财务费用、销售费用和管理费用一起并称为三大期间费用，期间费用是企业为组织和管理整个经营活动所发生的费用，代表企业日常活动中经济利益的流出，能够直接影响到企业的净利润。

期间费用率，指期间费用占营业收入的比率，是分析企业管理能力的重要指标。通常情况下，期间费用越大，企业利润越容易被侵蚀；期间费用率越低，表明企业的内控能力越强，越有利于盈利。

期间费用在利润表中起着承上启下的作用，作为利润的一个扣减项目，它对企业的盈利起着至关重要的作用。任何一种期间费用实际上都包含了固定费用和变动费用两部分。只有变动费用才能通过管控来降低，因此，通过观察期间费用或期间费用率的变化趋势，可以对企业的管控能力做出判断，从而做出正确的经营和投融资决策。

老板财务笔记

期间费用分为固定部分和变动部分，基于变动部分的指标分析才有参考价值。期间费用和期间费用率都是负向指标，数值越小越好。为了降低期间费用率，企业应当做好期间费用的全面预算和调度，严格控制非生产经营性支出，使资金的管理和使用相对集中。

2.9　本年利润：
本年利润是公司一年中赚到钱的总和吗

　　某天，公司的另一位股东向阿志诉苦，去年公司营业收入有1 000多万元，可年底结算时只剩下不到三成，作为股东，分到手里的钱就更少了。阿志明白，他是把营业收入和本年利润搞混了，去年公司的经营业绩的确有1 000多万元，但是并不代表公司赚了这么多，收入要扣除成本才是利润，营业收入也要扣除各种费用才是本年利润。

2.9.1　什么是本年利润？

　　本年利润是指企业在一定会计期间内实现的收入减去费用后的余额，由企业利润组成内容计算确定，是企业从公历年1月份至12月份逐步累积而形成的一个动态指标，属于所有者权益。

　　在会计实务中，本年利润是一个汇总类账户，包括主营业务收入、其他业务收入、投资收益、补贴收入、营业外收入等。借贷双方发生额相抵后，若为贷方余额则表示企业本期经营活动实现的净利润，若为借方余额则表示企业本期发生的亏损。

2.9.2　本年利润和利润总额、净利润

　　利润总额是指企业在所得税前一定时期内经营活动的总成果，也称为税前利润；净利润是指企业当期利润总额减去所得税后的金额，也称为税后利润。净利润是一个企业经营的最终成果。净利润多，企业的经营效益就好；净利润少，企业的经营效益就差。它是衡量一个企业经营

效益的主要指标。

本年利润的计算方式和净利润是完全相同的。可见，利润总额就是公司在一年内赚到的钱的总和，在扣除税费之后，剩下的部分就是公司的本年利润。

需要注意的是，本年利润虽然和净利润的数额相同，但它并不等于净利润，净利润是企业交税后的净额，是企业进行利润分配的基础；而本年利润是个汇总账户，用来反映企业一年中的收入和费用，并以此计算企业净利润，它不是一个静态数据，而是企业在整个会计年度中累积而成的一个动态指标。

2.9.3　本年利润分析

一般来说，本年利润在财务报表中体现为贷方余额，反映企业在特定会计期间内的净收益，并最终体现在利润表中。

在分析本年利润时，首先需要收集完整准确的财务数据，计算出毛利率和净利率，了解企业的整体盈利情况。其次还需要分析成本结构，了解各项成本的来源和比重，以便进行有效的成本预算和管控。如果本年利润正常，那么企业应该继续挖掘潜力，使销售业绩稳步增长；如果本年利润很低，甚至是负数，那么企业就必须将成本控制放到第一位，开源节流缩减费用；最后，企业还需要将本年利润进行同比和环比分析，不仅要比较历史数据，了解企业的盈利能力和变化趋势，还要比较行业数据，了解企业的竞争能力和市场地位。

对于投资者来说，本年利润的增减直接影响着企业的股东权益；对于管理者来说，本年利润能够帮助识别问题、优化资源配置；而监管机构通过监控企业的本年利润，也能够确保企业遵守相关法规和会计准则，维护市场的健康发展。

老板财务笔记

　　本年利润是指企业在特定会计期内形成的净利润或净亏损，它的数额和净利润相同，但并不等于净利润。净利润是静态数据，本年利润是动态指标。本年利润由多项不同的成本和费用构成，最终以净收益的形式体现在利润表中，反映了企业在一段特定时期内的盈利情况和经营成果。理解本年利润的构成，有助于投资者准确评估企业经营状况和企业管理者优化经营策略。

2.10　利润分配：
公司赚了很多钱，股东要怎么分这些钱

经过阿志的解释，那位股东明白了怎样计算公司利润，但他算了算，还是觉得不对，去年公司净利润算下来有将近 400 万元，按照他自己的持股比例 30% 来算，应该能分到 100 多万元才对，可实际上分到他手里的还不到 90 万元。这又是怎么回事呢？

2.10.1　什么是利润分配？

利润分配是指企业将实现的净利润，按照规定的分配形式和顺序，在企业和投资者之间进行的分配。利润分配的过程与结果，关系到企业所有者的合法权益能否得到保障，以及企业能否长期、稳定发展。为此，企业必须加强利润分配的管理和核算。根据《公司法》的规定：

利润分配的主体是投资者和企业，利润分配的对象是企业实现的净利润；利润分配的时间是利润分配义务发生的时间或者企业作出决定分配利润的时间。利润分配的项目包括法定公积金和分配利润（也叫股利）。法定公积金是从净利润中提取形成的，用于弥补公司亏损、扩大公司生产经营或者转为增加公司资本。公司分配当年税后利润时应当按照 10% 的比例提取法定公积金；当法定公积金累计额达到公司注册资本的 50% 时，可不再继续提取。

在提取公积金后，股利的分配以投资者的出资比例为分配依据。股份有限公司原则上应从累计盈利中分配股利，无盈利不得支付股利，即所谓的"无利不分"原则。但若公司用公积金抵补亏损以后，为维护其股票信誉，经股东人会特别决议，也可用公积金支付股利。

2.10.2　利润的确认和计量

根据《财务通则》规定，企业的利润总额主要由营业利润、投资净收益和营业外收支净额构成。

对应到不同行业的企业，利润组成的明细和计算略有区别，但逻辑都是一样的，如表2-4所示。

表2-4　不同行业企业的利润组成和计算

行业性质	利润组成和计算
工业企业	主营业务利润＝主营业务收入－（主营业务成本＋主营业务税金及附加） 营业利润＝主营业务利润＋其他业务利润－（管理费用＋营业费用＋财务费用） 利润总额＝营业利润＋投资收益＋营业外收入－营业外支出
商业企业	商品销售利润＝商品销售收入－销售折扣与折让的商品销售收入净额－商品销售成本－商品销售税金及附加 主营业务利润＝商品销售利润＋代购代销收入 营业利润＝主营业务利润＋其他业务利润－（管理费用＋营业费用＋财务费用） 利润总额＝营业利润＋投资收益＋营业外收入－营业外支出
施工企业	工程结算利润＝工程结算收入－工程结算税金及附加 营业利润＝工程结算利润＋其他业务利润－管理费用－财务费用 利润总额＝营业利润＋投资收益＋营业外收入－营业外支出

由此可见，企业的利润构成是从主营业务收入到营业利润再到利润总额，分三个层次循序渐进的。因此，上表中的计算公式可以整合简化为：

主营业务利润＝主营业务收入－营业成本－期间费用－进货费用（商业）－营业税金

营业利润＝主营业务利润＋其他业务利润

利润总额＝营业利润＋投资净收益＋营业外收入－营业外支出

比如，2020年强盛公司的主营业务收入是1 200万元，营业成本为450万元，期间费用200万元，营业税金120万元，其他业务利润110万

元，营业外收入 30 万元，营业外支出 40 万元，在进货费用和投资净收益
为零的情况下，主营业务利润就是 1 200-450-200-120=430 万元，营业利
润是 430+110=540 万元，利润总额是 540+30-40=530 万元。

利润总额要在国家、企业所有者和企业之间进行分配，关系着各方
面的利益，利润分配的结果形成了国家的财税收入、投资者的投资报酬和
企业的留用利润等不同的项目。由于缴纳税款是企业必须履行的义务，因
此，利润分配的本质是确定给投资者分红与企业留用利润的比例。

2.10.3　利润分配的顺序

利润总额缴纳税金以后剩下的部分是净利润，净利润的分配是一项政
策性较强的工作，必须严格按照国家相关法律所规定的顺序来进行。

①弥补以前年度亏损。根据《财务通则》规定，企业发生年度亏损，
可以用下一年度的利润弥补；下一年度不足弥补的，可以在五年内用所得
税前利润延续弥补，延续五年未弥补完的亏损，用交纳所得税后的利润
弥补。

②提取盈余公积金。根据《公司法》规定，盈余公积金分为法定盈余
公积金和任意盈余公积金。法定盈余公积金的提取顺序在弥补亏损之后，
按当年税后利润的 10% 提取。盈余公积金已达到注册资本 50% 时不再提
取。任意盈余公积金由企业自行决定是否提取以及提取比例。任意盈余公
积金的提取顺序在支付优先股股利之后。

③向投资者分配利润。企业以前年度未分配的利润，可以并入本年度
向投资者分配，本年度的利润也可以留一部分用于次年分配。企业当年无
利润时，不得分配利润。在分配利润后，企业法定盈余公积金不得低于注
册资金的 25%。

比如，上文中计算出强盛公司 2020 年的利润总额是 530 万元，假设

应缴税费是 150 万，净利润就是 530-150=380 万元，在没有税收罚款和前年度亏损的情况下，需要提取法定盈余公积金 380×10%=38 万元，股东决定再提取 20 万元的任意盈余公积金，以及 6% 的公益金，最后剩下的部分是 380-38-20-380×6%=299.2 万元。假设阿志和另外两名股东的持股比例分别是 60%、30%、10%，那么他们分得的利润就分别是 299.2×60%=179.52 万元、299.2×30%=89.76 万元、299.2×10%=29.92 万元。

老板财务笔记

> 利润分配是指企业的所有利润经增减计算后得到的利润总额，在国家、企业所有者、企业员工之间进行分配。利润分配不仅关系到国家的财政税收，而且和投资者的利益更是密切相关。对于投资者来说，纳税是每个企业和公民应尽的义务，因此利润分配实质等同于净利润的分配。
>
> 利润分配是一项政策性很强的工作，必须严格按照国家相关规定来执行。作为公司老板，不仅要懂得如何赚钱，更要明白赚的钱应该怎样分；不仅要履行对国家的纳税义务，更要保障自己的合法权益。

第二部分

老板不得不了解的税务常识

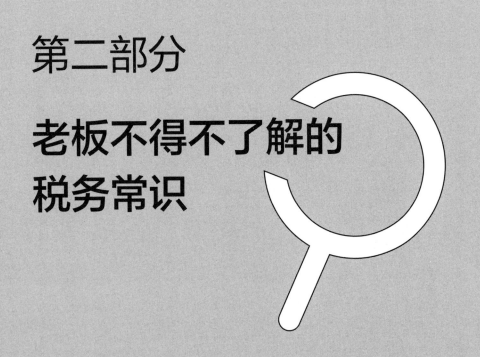

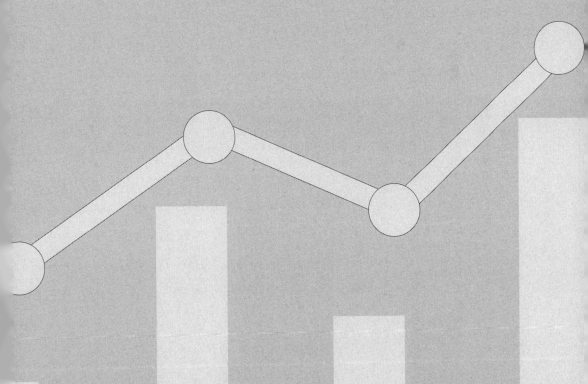

不懂税务的老板往往会将"节税"和"逃税"画等号，靠打税收政策和法律法规的擦边球来降低企业的税负，这样做的结果很可能是导致公司被罚款、追缴税款，甚至被迫关停。

我国现行的主要税种包括增值税、企业所得税、个人所得税、消费税、城建税等。了解各大税种的征收范围、缴纳抵扣以及相关的税收政策，不仅是财务人员的重中之重，也是公司老板的必修课。

第 3 章

增值税——针对商品增值额部分纳税的税金

　　增值税，顾名思义，就是一种伴随着商品的流转过程而对其增值部分征收的流转税，而增值简单来说就是涨价。举个简单的例子：A 花 10 元钱买了一个杯子，重新上釉之后以 20 元钱卖给 B，B 贴上新的商标，又以 40 元钱卖给 C，C 闲置一段时间后又以 40 元转让给 D。可见，杯子从 A 到 D，共经过了三次流转，其中从 A 到 B、从 B 到 C 的过程中，杯子实现了增值，因此产生了增值税，而从 C 到 D 的过程中，杯子没有增值，因此不需要缴纳增值税。

　　在实际中，商品流转增值的情形往往要复杂得多，作为中国现行的第一大税种，增值税与企业的发展息息相关。

3.1 初识增值税：

1万元买原材料，产品卖了2万元，中间赚的1万元要交增值税吗

会计告诉阿志，前段时间向泰顺公司销售的一批建材款到账了。泰顺公司是一家装修公司，跟阿志的公司是老合作伙伴了，这次销售的建材价格是 37 500 元（不含税），泰顺公司要求阿志这边开具发票。

会计把发票开好后，拿给阿志过目。阿志一看，是一张增值税发票。他知道建筑业需要缴纳的税种有增值税、企业所得税、个人所得税等，但一直弄不明白这些税种的征收细则和计算方法。正好今天提到了增值税，阿志就向会计请教了一些问题。

3.1.1 什么是增值税

增值税是以商品（含应税劳务）在流转过程中产生的增值额为计税依据而征收的一种流转税。从计税原理上说，增值税是对商品生产、流通、劳务服务中多个环节的新增价值或商品的附加值征收的一种流转税。所以，只要有产业链，就会有产品的流转和加工，从而产生增值税。也就是说，如果将增值税代入到产业链中，从产品流转的角度来理解，会更加容易。比如，原材料用 1 万元买进，加工成产品卖了 2 万元，中间赚得的 1 万元就需要缴纳增值税，因为在这个买进、加工、卖出的过程中，实现了原材料的增值。

经过会计的讲解，阿志还了解到，增值税是目前我国的第一大税种，也是所有税种里面唯一一种价外税。所谓的价外税，就是税额不包含在价格之内，通俗地说就是类似于小费，最终是要由消费者来买单的。比如，

强盛公司这次的建材是向鹏华建材厂购买的，价格为 25 000 元，作为建筑公司的上游端，假设鹏华销售这批建材的成本是 20 000 元，按照建材销售增值税率 13% 来计算，那么产生的增值税就是（25 000-20 000）×13%=650 元，然后强盛公司将这批建材经过加工包装之后以 37 500 元的销售价卖给泰顺公司，又产生了（37 500-25 000）×13%=1 625 元的增值税。

因此，整个过程共产生了 1 625+650=2 275 元的增值税，而泰顺公司作为最终消费者，总共需要支付的款项就是 37 500+2 275=39 775 元。从上面的计算中，我们不难看出，不管有无增值税，不考虑其他成本，鹏华建材厂的利润是 25 000-20 000=5 000 元，强盛公司的利润则是 37 500-25 000=12 500 元，只有泰顺公司支付的款项增加了。

3.1.2　如何计算增值税

增值税的计算涉及进销项、免抵退等多种因素，往往比较复杂，并且纳税人性质不同也会导致增值税的计算方法有所差异。

根据 2009 年 1 月 1 日起实施至今的《中华人民共和国增值税暂行条例》，应根据税收征收对象、税收种类、税率设置、征税方法以及税收征收与管理等有关规定，计算出应纳税额、应纳税款和其他涉及税收的事项。

一般纳税人的增值税计算方法又叫一般计税法，适用税率有 13%、9%、6%、0% 四档，计算公式为：

应纳税额＝当期销项税额－当期进项税额

销项税额＝销售额 × 税率

销售额＝含税销售额 ÷（1＋税率）

小规模纳税人的增值税计算方法又叫简易计税法，征收率有 3% 和 5% 两档，适用于所有小规模纳税人以及某些一般纳税人的特殊项目，计算公式为：

应纳税额 = 销售额 × 征收率

销售额 = 含税销售额 ÷（1+ 征收率）

会计告诉阿志，强盛公司属于一般纳税人，根据上面的计算公式，这笔交易的当期销项税额是 37 500×13%=4 875 元，进项税额是 25 000×13%=3 250 元，应纳税额就是 4 875-3 250=1 625 元。但是公司可以凭借鹏华开具的增值税专用发票进行相应的抵扣，也就是说，实际上公司只需要缴纳 1 625-650=975 元的增值税。同理，泰顺公司如果再将这批建材销售给装修客户，所产生的增值税也可以用强盛公司开具的增值税专用发票来抵扣，这就是增值税的抵扣链。可以看出，只有上游的商家缴纳了增值税，公司才能进行抵扣，最终只需要就增值部分纳税。

3.1.3 什么是留抵退税

留抵退税，学名叫"增值税留抵税额退税优惠"，就是对现在还不能抵扣、留着将来才能抵扣的"进项"增值税，予以提前全额退还。

阿志想把公司做大做强，未来就需要买入更多的建材，这样鹏华建材厂开给公司的发票就会越来越多，但集中投资很容易造成周转不灵。也就是说，当公司的进项大于销项，这个时候多出来的进项发票就无法进行当期抵扣，这一部分就叫作留抵税额。此时根据留抵退税的优惠政策，国家会先把这些无法抵扣的税额全额退还，等将来公司的建材全部卖出去了，再进行全额征收。

所以，留抵退税并不是一项减免税的税收优惠，本质上只是一种时间性的差异，是把未来可以用来抵减进而"少交"的税金提前"挪用"到现在进行"透支"。当然，如果公司未来不再产生经营收入甚至注销清算，就是永久性的差异了。

老板财务笔记

增值税作为唯一的一种价外税，是由产品的最终消费者来承担的。一般纳税人缴纳增值税按照一般计税法，小规模纳税人缴纳增值税按照简易计税法。在一般计税方法下，增值税可以做到道道征收、环环抵扣，对产业链各个环节的增值额部分征收，消除了重复征税，也促进了上下游的专业化协作。

3.2 增值税税率：
卖了 1 万元的产品，应该按什么比例来交增值税

　　阿志在会计的指点下，对增值税有了一些初步的了解。不过，他还有一个问题没弄明白，就是作为公司的老板，如何才能知道自己的产品或者服务应该按照什么比例来缴纳增值税呢？

　　其实，这个比例就是增值税税率。

　　增值税税率就是增值税税额占货物或应税劳务销售额的比率，是计算货物或应税劳务增值税税额的尺度。我国现行增值税属于比例税率，根据不同应税对象的应税行为，分别对应不同的档位。在我国，增值税的应税对象分为一般纳税人和小规模纳税人。

3.2.1　一般纳税人和小规模纳税人

　　根据《中华人民共和国增值税暂行条例》和《增值税一般纳税人资格认定管理办法》，一般纳税人是指年应征增值税销售额（简称年应税销售额，包括一个公历年度内的全部应税销售额）超过财政部规定的小规模纳税人标准的企业和企业性单位，小规模纳税人则是指年销售额在规定标准以下，并且会计核算不健全，不能按规定报送有关税务资料的增值税纳税人；同时，二者的适用税率、应交税费计算方式及规模认定标准都不同。

3.2.2　现行税法税率

　　我国现行的增值税法律法规有《中华人民共和国增值税法（草案）》《中华人民共和国增值税暂行条例》等。在现行税法下，适用于一般纳税

人的税率有四个档位：

（1）适用税率为13%。

适用项目包括：①销售或进口货物（除适用低税率、征收率和零税率的外）；②提供加工、修理修配劳务；③有形动产租赁服务。

（2）适用税率为9%。

适用项目包括：①销售或进口货物。粮食等农产品、食用植物油、食用盐；饲料、化肥、农药、农机、农膜；图书、报纸、杂志、音像制品、电子出版物；自来水、暖气、冷气、热水、煤气、石油液化气、天然气、二甲醚、沼气、居民用煤炭制品；②销售服务：交通运输服务、邮政服务、基础电信服务、建筑服务、不动产租赁服务；③销售不动产；④转让土地使用权（不含通过省级土地行政主管部门设立的交易平台转让补充耕地指标）。

（3）适用税率为6%。

适用项目包括：①销售无形资产（转让补充耕地指标、技术、商标、著作权、商誉、自然资源、其他权益性无形资产使用权或所有权）；②提供增值电信服务、金融服务、现代服务（研发和技术服务、信息技术服务、文化创意服务、物流辅助服务、鉴证咨询服务、广播影视服务、商务辅助服务、其他现代服务）以及生活服务（文化体育服务、教育医疗服务、旅游娱乐服务、餐饮住宿服务、居民日常服务、其他生活服务）。

（4）零税率，即免征增值税。

适用项目包括：①出口货物：纳税人出口货物（国务院另有规定的除外）；②国际运输服务：在境内载运旅客或者货物出境；在境外载运旅客或者货物入境；在境外载运旅客或者货物；③航天运输服务；④向境外单位提供的完全在境外消费的服务：研合设广软，电信业离转；⑤财政部和国家税务总局规定的其他服务。

对于小规模纳税人而言，提供货物、服务或劳务，征收率是3%；提供劳务派遣、安保服务、人力资源外包服务等，选择差额征收方式，征收率是

5%；境内的单位和个人提供国际运输服务、航天运输服务、向境外单位提供的完全在境外消费的研发服务、设计服务、软件服务等，增值税征收率是0%。小规模纳税人适用简易计税法，因此进项税额不得抵扣。

3.2.3 小规模纳税人税率减免

近几年我国陆续出台了一系列政策，主要针对小规模纳税人给予一些普惠性的税率减免政策。

根据《国家税务总局关于增值税小规模纳税人减免增值税等政策有关征管事项的公告》规定，

到 2027 年 12 月 31 日前，对月销售额 10 万元以下的小规模纳税人免征增值税，对适用 3% 征收率的小规模纳税人减按应税销售收入的 1% 征收增值税，对生产、生活性服务业纳税人分别实施 5%、10% 增值税加计抵减。

至此，阿志明白了，自己的建筑公司属于一般纳税人，销售建材要按照 13% 的税率来缴纳增值税，而如果销售的是建筑服务，比如建筑广告，适用的税率则是 9%。

老板财务笔记 ✏️

应税对象分为一般纳税人和小规模纳税人，根据应税对象的不同，增值税税率的征收档位也不同。目前只有小规模纳税人能够享受增值税的减免优惠。

多档税率并行意味着不同货物和服务适用不同档次的税率，从增值税环环抵扣的原理看，会产生"高征低扣"和"低征高扣"等现象，影响税制科学性和税负公平性。

3.3 应纳税额的计算：
建筑公司既销售建材又施工的情况，计算其应缴纳的增值税额

这天，鹏华建材厂的老板老胡来公司找阿志，两人边喝茶边聊起了各自最近的生意。阿志说起前些日子给一个客户买了一批建材，工程全包，完工后缴纳了 13% 的增值税。老胡却说鹏华也承接过这样的业务，但业务完成后核算增值税并不是这么多。两人争执不下，没办法，阿志只好又叫来会计。

会计告诉他们，两人都没记错，同样是既销售建材又施工，阿志的业务是全部按照 13% 缴纳的增值税，而老胡的业务则是按照 13%+9% 计算的增值税，其中 13% 是销售建材的税率，9% 是工程施工的税率。这是为什么呢？

原来，这里涉及一个应税行为是混合销售还是兼营的问题。

3.3.1 混合销售和兼营

混合销售行为是指一项销售行为既涉及货物又涉及非应税劳务的行为。混合销售行为的特点是销售货物与提供非应税劳务是由同一纳税人实现，价款是从一个购买方取得的。其中，非应税劳务是指除加工、修理修配以外的所有属于应缴营业税的劳务，如交通运输业、建筑业、金融保险业、邮电通信业、文化体育业、娱乐业、服务业等；而兼营是指纳税人的经营中既包括销售货物和应税劳务（加工、修理修配），又包括销售服务、无形资产和不动产的行为，并且这些经营活动彼此间并无直接的联系和从属关系。

混合销售和兼营的区别在于，混合销售是一项销售行为，虽然既涉及货物又涉及服务，但二者之间有直接关联或互为从属关系。比如商场在销售空调的同时，提供送货上门服务。混合销售同时具备两个必要条件：同一项行为和同一服务对象，因此适用同一税率。而兼营是指两项或两项以上销售行为，且彼此之间互相独立、没有直接的关联和从属关系。比如电商卖家在销售商品的同时提供快递物流服务。兼营也必须同时具备两个必要条件：非同一项行为和非同一服务对象，因此适用不同的税率，与混合销售正好相反。

那么，如何判断一项经济业务是属于混合销售还是兼营呢？最简单的标准就是：签订一份合同视为"一项销售行为"，签订两份合同则视为"两项销售行为"。在通常情况下，货物＋非应税劳务属于混合销售，而货物＋销售不动产、货物＋销售无形资产、货物＋应税劳务则都属于兼营。

3.3.2　混合销售和兼营的增值税计算

关于混合销售和兼营的增值税如何计算，国家相关法律法规有明确的相应规定。

《增值税暂行条例实施细则》第六条规定：销售自产货物并同时提供建筑业劳务的混合销售行为，只根据货物的销售额核算缴纳增值税，非增值税应税劳务不缴纳增值税。

《财政部　国家税务总局关于全面推开营业税改征增值税试点的通知》第三十九条规定：纳税人兼营销售货物、劳务、服务、无形资产或者不动产，适用不同税率或者征收率的，应当分别核算适用不同税率或者征收率的销售额，未分别核算的，从高适用税率。

《财政部、税务总局关于全面推开营业税改征增值税试点的通知》第四十条规定：从事货物的生产、批发或者零售的单位和个体工商户的混合销售行为，按照销售货物缴纳增值税；其他单位和个体工商户的混合销售行为，按照销售服务缴纳增值税。本条所称从事货物的生产、批发或零售的单位和个体工商户，包括以从事货物的生产、批发和零售为主，并兼营销售服务的单位和个体工商户在内。

《国家税务总局关于明确中外合作办学等若干增值税征管问题的公告》第六条规定：一般纳税人销售自产机器设备的同时提供安装服务，应分别核算机器设备和安装服务的销售额，安装服务可以按照甲供工程选择适用简易计税法计税；一般纳税人销售外购机器设备的同时提供安装服务，如果已经按照兼营的有关规定，分别核算机器设备和安装服务的销售额，安装服务可以按照甲供工程选择适用简易计税法计税；纳税人对安装运行后的机器设备提供的维护保养服务，按照"其他现代服务"缴纳增值税。

可见，从事建筑服务的企业发生包工包料的混合销售业务，无论货物成本占比高低均按建筑服务缴纳增值税；反之，企业销售资产或外购货物并提供施工服务的混合销售业务，一律按销售货物缴纳增值税。而对于兼营来说，应该单独核算不同应税行为产生的销售额的应纳税额。此外，对销售的材料提供劳务和对销售的设备提供劳务所产生的增值税也是不一样的。具体可以划分为以下四种情况：

第一种情况：生产型企业销售建筑材料的同时提供建筑服务，视为兼营，销售材料按照13%缴纳增值税，劳务部分（如能核算清楚）按照9%缴纳增值税；

第二种情况：销售型企业销售建筑材料的同时提供建筑服务，按照《营业税改征增值税试点实施办法》（财税〔2016〕36号文件印发）（以下简称"36号文件"）中混合销售的规定，合并缴纳13%增值税；

第三种情况：建筑服务企业提供建筑服务的同时销售建筑材料，按照36号文件中混合销售的规定，合并缴纳9%增值税；

第四种情况：建筑企业销售建筑设备的同时提供建筑服务，视为兼营，销售设备按照 13% 缴纳增值税，劳务部分（如能核算清楚）按照 3% 适用简易计税。

讲到这里，阿志和老胡都明白了，同样是既销售建材又施工，阿志的业务属于混合销售，所以要合并缴纳 13% 的增值税，而老胡的业务属于兼营，销售建材和施工就分别按照 13% 和 9% 来缴纳增值税。假如阿志销售安装的不是建材而是电梯，同样也属于兼营，但电梯属于设备不是材料，此时增值税就应该按照 13%+3% 的组合来缴纳了。

3.3.3　单一建筑服务的增值税计算

我们已经知道，小规模纳税人的征收率不仅适用于小规模纳税人，还适用于一般纳税人的某些特殊项目。这里的特殊项目就包括建筑企业一般纳税人以清包工方式提供的建筑服务，以及为甲供工程或建筑工程老项目提供的建筑服务，这些服务都可以选择适用简易计税法的 3% 征收率计税。

清包工方式是指施工方不采购建筑工程所需的材料或只采购辅助材料，并收取人工费、管理费或其他费用的建筑服务。甲供工程是指全部或部分设备、材料、动力（包括水力、电力、风力、热力等）由工程发包方自行采购的建筑工程。建筑工程老项目是指实际开工日期（施工许可证或承包合同注明）在 2016 年 4 月 30 日前的建筑工程项目。

根据《营业税改征增值税试点有关事项的规定》第一条规定，只要总包工程认定为老项目，其他辅助工程（如绿化、防水保温、装饰、水电安装等）均可选择按简易计税法按 3% 征收率计征。

除此之外，建筑企业一般纳税人一律按一般计税法计税，建筑企业小规模纳税人按简易计税法的 3% 征收率计征。

老板财务笔记

> 在提供单一建筑服务的情况下，一般纳税人的某些特殊项目也适用于简易计税法。在既销售又施工的情况下，要注意区分业务是混合销售还是兼营。混合销售的本质是一项纳税行为，而兼营行为的本质是多项应税行为。混合销售税务处理原则是按企业的主营项目的性质划分增值税税目；而兼营应当分别核算适用不同税率或者不同征收率的应税行为的销售额，从而计算相应的增值税应缴税额。此外，对材料提供劳务和对设备提供劳务的增值税率也不同，需要正确区分。

3.4 增值税的优惠政策：
朋友开了一家家庭农场，能享受哪些增值税优惠政策

这天，阿志接到了阿强的电话。阿强是阿志在乡下的发小，最近准备开一家家庭农场，这次打电话是想请阿志帮忙咨询下，开家庭农场能享受哪些增值税优惠政策。

阿志对家庭农场这个概念并不陌生，家庭农场实际上是一个起源于欧美的舶来词，在中国相当于种养大户的升级版。近年来，国家对家庭农场的扶持力度逐渐加大，在土地流转、税收、用电用水等很多方面都提供了优惠补贴。

会计打印了一些相关的资料给阿志，并告诉他，在我国现行的税收政策中，没有明确的针对家庭农场的税收规定，主要适用的是对种植业、养殖业等行业的税收规定，但仍然可以根据国家相关的政策法规来加以解读和分析。

3.4.1 家庭农场自产自销农产品可以免征增值税

①根据《中华人民共和国增值税暂行条例》第十五条规定，"农业生产者销售的自产农业产品"，是指直接从事植物的种植、收割和动物的饲养、捕捞的单位和个人销售的注释所列的自产农业产品。需要注意的是这里的自产农产品仅指初级农产品，也就是种植业、畜牧业、渔业未经过加工的产品。如果家庭农场销售自产经过加工的农产品，比如以粮食为原料加工的速冻食品、方便面、副食品，则需要按照 13% 税率缴纳增值税。

②根据国家税务总局公告 2013 年第 8 号文规定，"公司＋农户"经营模式从事畜禽饲养，属于农业生产者销售自产农产品免征增值税的范围。

也就是说，家庭农场可以与某些公司签订委托养殖合同，由公司向农场提供畜禽苗、饲料、兽药及疫苗，农场饲养畜禽苗至成品后交付公司用于销售，在这种模式下也是可以免征增值税的。

③根据国家税务总局公告 2010 年第 17 号文规定，制种企业在符合规定的经营模式下生产销售种子免征增值税。如果制种企业利用自有土地或承租土地，雇用农场进行种子繁育，再经烘干、脱粒、风筛等深加工后销售种子；或是提供亲本种子委托农场繁育，经烘干、脱粒、风筛等深加工后再销售种子，这两种经营行为都可以免征增值税。

④根据税函〔2010〕97 号文规定，人工合成牛胚胎的生产过程属于农业生产，纳税人销售自产人工合成牛胚胎应免征增值税。

3.4.2 部分农产资料和流通环节可以免征增值税

①根据财税〔2017〕58 号文规定，纳税人采取转包、出租、互换、转让、入股等方式，将承包地流转给农业生产者用于农业生产，免征增值税。这里要注意纳税人流转土地如果用于农业生产，则免缴增值税；如用于非农业用途，则需要按照不动产经营租赁服务缴纳增值税。

②根据财税字〔1999〕198 号文规定，对销售政府储备食用植物油免征增值税。

③根据财税〔2011〕137 号规定，对从事蔬菜批发、零售的纳税人销售的蔬菜免征增值税。

④根据财税〔2012〕75 号文规定，对从事农产品批发、零售的纳税人销售的部分鲜活肉蛋产品免征增值税。

⑤根据财税〔2014〕38 号文规定，对承担粮食收储任务的国有粮食购销企业销售粮食、大豆免征增值税。

⑥根据财税〔2001〕113 号文规定，批发和零售的种子、种苗、农药、

农机免征增值税。需要注意的是，另据国税发〔1993〕151号文《增值税部分货物征税范围注释》规定，农机零部件不属于农机的征税范围。

看完会计整理的这些资料，阿志明白了，家庭农场可以享受的增值税优惠主要体现在对自产自销初级农产品和部分农产资料和流通环节实行免征。一般需要符合两个条件：一是家庭农场的主体为农业生产者（单位或个人）；二是自产自销符合规定的初级农产品或者部分农产资料和流通环节。如果销售不符合免税规定的农产品，则需要照章缴纳增值税，比如各种蔬菜瓜果罐头、国家濒危珍贵野生动物的肉类蛋类、除政府储备外的食用植物油、除军队救灾补助以外的粮食等。

3.5 增值税与金税四期：
金税四期对增值税和纳税管理有什么影响

前段时间，各大媒体都在争相报道金税四期的新闻，阿志的朋友圈也被刷屏了。身处第一批试点地区之一的广东省，金税四期和阿志这样的企业家可以说是息息相关。为了更好地与国家政策接轨，实现税务、财务、业务的"三务"一体化深度融合，阿志跟会计一起参加了一个关于金税四期的专题讲座，明白了金税四期对纳税管理，尤其是增值税管理的重要作用。

3.5.1 什么是金税四期

1994 年，我国启动了新中国成立以来规模最大、范围最广、内容最深刻、力度最强的工商税制改革，其中就包括"以实行规范化的增值税为核心"。后来国家吸收了国际先进经验，运用科学手段结合我国增值税管理实际设计出了一套高科技管理系统——金税工程。

金税工程是税收管理信息系统工程的总称，是国家贯彻落实税收政策、进行税收征管的重要依托及平台之一。金税工程的基本框架为一个网络和四个子系统：一个网络，就是从国家税务总局到省、地市、县四级统一的计算机主干网；四个子系统，就是增值税防伪税控开票子系统、增值税防伪税控认证子系统、增值税交叉稽核子系统和发票协查信息管理子系统。

金税工程的使用者是国家税务机关。目前，金税工程经历了从金税一期至金税四期的发展演变，其演变过程如图 3-1 所示。

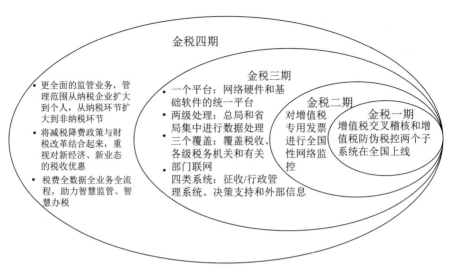

图 3-1 从金税一期到金税四期的发展演变

金税四期的核心是"以数治税"，是金税三期"以票治税"的升级版，旨在利用大数据对比、人工智能等技术，实现税务信息化建设，为服务纳税人提供更多的便利。金税四期的整体架构思路，是围绕构建智慧税务的目标，来推进"两化、三端、一融合"。所谓"两化"，是指构建智慧税务，有赖于推进数字化升级和智能化改造；所谓"三端"，是指通过打造"一户式"和"一人式"税务数字账户，形成以纳税人端、税务人端和决策人端为主体的智能应用平台体系；所谓"一融合"，是指将征纳双方的"接触点"由过去的"有税"后才关联、现在的"涉税"即关联，发展到下一步"未税"时就关联，使税收规则、算法、数据直接融入纳税人经营业务中。

金税四期并不仅仅是一个固定的系统，它还代表了未来中国数字化税收征管的趋势和理念。金税四期已于 2023 年 1 月 1 日上线，试点地区有广东、山东、河南、山西、内蒙古、重庆。

3.5.2 金税四期对增值税的影响

金税四期上线后，对增值税发票的开具、保管、抵扣等管理将更加规范和严格，要求企业必须严格按照规定进行操作，避免出现不合规的情况。此外，金税四期要求企业按月申报增值税，同时要求企业提供更多的信息和资料，如销售清单、进项发票、存货明细等。这些信息和资料需要企业及时准确地收集、整理、录入和上传，否则可能会导致申报错误或延误，甚至触发税务核查。因此，企业需要加强内部管理，完善财务制度，提高信息化水平，增加人力和物力投入，这在无形之中提高了企业的申报难度和成本。

除此之外，金税四期也为企业申报增值税带来了一些积极的影响：

①简化了增值税发票的开具流程，提高了企业的开票效率；

②实现了增值税电子发票的推广应用，节约了企业的纸质发票成本；

③优化了增值税抵扣机制，扩大了抵扣范围，降低了企业的税负；

④完善了增值税退（免）税政策，支持了出口型和高新技术企业的发展；

⑤加强了增值税征管系统的安全性和稳定性，保障了企业的正常运转。

第4章

企业所得税：按照利润比例交税的税金

4.1 初识企业所得税：公司按什么比例缴纳企业所得税

这天，会计告诉阿志，本月要做汇算清缴，需要准备相关证照、文件和凭证。阿志以为汇算清缴就是增值税的申报，但实际上它的主要内容涵盖企业所得税和个人所得税。作为公司老板，阿志最关心的就是企业所得税了，因为它和公司利润、股东利益密切相关。

4.1.1 什么是企业所得税

企业所得税是指企业在经营过程中获得的利润所需缴纳的税款，是国家财政收入的主要来源之一。

简单来说，企业只要获利，就需要缴纳企业所得税。实际上，国家税法在很多层面以很多方式向企业提供了纳税优惠，比如小微企业在年收入不超过300万元时，企业所得税税率仅为5%；部分特殊行业或地区还可以免征，如残障人士福利院、校办工厂、老少边穷地区等。

此外，税法还允许企业在计算所得税时按照规定的限额对特定项目进行税前扣除。总体上来说，不同的企业在不同时期都能够一定程度地享受到企业所得税的优惠政策，这大大减轻了企业的税负，为企业的发展创造了良好条件。

4.1.2　如何计算企业所得税？

企业所得税跟企业利润息息相关，需要企业对税法规定进行深入理解和掌握，并且认真核对所得收入、成本、费用等方面的数据。

企业所得税的计算基础主要是企业所得，指企业按照财务会计制度编制的年度利润表所确定的所得。采用单独核算的原则，不同类别的所得必须分别计算，计算企业所得税实际上就是计算应纳税所得额。我国现行的企业所得税的基本税率是25%，某些特定企业如高新企业、小微企业等可以享受15%和20%的优惠税率。比如，强盛公司本月的利润总额是120万元，纳税调整的项目金额为20万元，根据间接计算法，则公司当月应交所得税为（120-20）×25%=25万元。

4.1.3　企业所得税的汇算清缴

企业所得税汇算清缴，是指纳税人自纳税年度终了之日起5个月内或实际经营终止之日起60日内，依照税收法律、法规、规章及其他有关企业所得税的规定，自行计算本纳税年度应纳税所得额和应纳所得税额，根据月度或季度预缴企业所得税的数额，确定该纳税年度应补或者应退税额，并填写企业所得税年度纳税申报表，向主管税务机关办理企业所得税年度纳税申报、提供税务机关要求提供的有关资料、结清全年企业所得税税款的行为。

纳税人在年度中间发生解散、破产、撤销等终止生产经营情形，需进行企业所得税清算的，应在清算前报告主管税务机关，并自实际经营终止之日起 60 日内进行汇算清缴，结清应缴应退企业所得税款；纳税人有其他情形依法终止纳税义务的，应当自停止生产、经营之日起 60 日内，向主管税务机关办理当期企业所得税汇算清缴。

4.2　企业所得税的税率：
公司应按照什么比例来计算和缴纳企业所得税

阿志想和老胡合伙成立一家新公司，专门销售品牌建材。经过一番规划，预计第一年利润能达到 150 万元左右。根据应交企业所得税 = 应纳税所得额 × 所得税率，阿志计算出企业所得税为 150×25%=37.5 万元，这可把阿志和老胡都吓了一跳，这么高的税负，等于一个季度白干。他们立刻叫来会计一算，却只算出 7.5 万元。

为什么相差这么大呢？原来，这里涉及一个企业所得税的税率问题。

企业所得税率是企业应纳所得税额与计税基数之间的数量关系或者比率，也是衡量一个国家企业所得税负高低的重要指标，是企业所得税法的核心。我国现行适用的企业所得税率共有四档，根据相应的法律法规，分别适用于不同类型的纳税企业：

4.2.1　适用 25% 税率

根据《企业所得税法》第四条规定，企业所得税的税率为 25%。因此，在一般情况下，企业的所得税基本税率都是 25%。

4.2.2　适用 20% 税率的情形

根据《关于进一步实施小微企业所得税优惠政策的公告》规定，2024 年 12 月 31 日之前，对小型微利企业年应纳税所得额超过 100 万元但不超过 300 万元的部分，减按 25% 计入应纳税所得额，按 20% 的税率缴纳企业所得税。

小型微利企业是指符合以下条件之一的企业：年应纳税所得额不超过100万元人民币，从业人数不超过80人，资产总额不超过3 000万元人民币。根据上述规定，小微企业应纳税所得额在300万元以下的，企业所得税率实际为25%×20%=5%。

因此，开头提到阿志和老胡新开的公司，符合小微企业纳税申报条件，当年应纳税所得额为150万元，则应交所得税为150×5%=7.5万元。

4.2.3　适用15%税率的情形

根据《企业所得税法》第二十八条规定，国家需要重点扶持的高新技术企业，减按15%的税率征收企业所得税。

根据《财政部税务总局商务部科技部国家发展改革委关于将技术先进型服务企业所得税政策推广至全国实施的通知》第一条规定，对经认定的技术先进型服务企业，减按15%的税率征收企业所得税。

根据《财政部税务总局关于延续福建平潭综合实验区企业所得税优惠政策的通知》第一条、第五条规定，自2021年1月1日起至2025年12月31日止，对设在平潭综合实验区的符合条件的企业减按15%的税率征收企业所得税。

根据《财政部税务总局关于海南自由贸易港企业所得税优惠政策的通知》第一条、第四条规定，自2020年1月1日起至2024年12月31日止，对注册在海南自由贸易港并实质性运营的鼓励类产业企业，减按15%的税率征收企业所得税。本条所称鼓励类产业企业，是指以海南自由贸易港鼓励类产业目录中规定的产业项目为主营业务，且其主营业务收入占企业收入总额60%以上的企业。

根据《财政部税务总局国家发展改革委关于延续西部大开发企业所得税政策的公告》第一条规定，自2021年1月1日至2030年12月31

日，对设在西部地区的鼓励类产业企业减按 15% 的税率征收企业所得税。本条所称鼓励类产业企业是指以《西部地区鼓励类产业目录》中规定的产业项目为主营业务，且其主营业务收入占企业收入总额 60% 以上的企业。

根据《财政部税务总局关于中国（上海）自贸试验区临港新片区重点产业企业所得税政策的通知》第一条、第四条规定，自 2020 年 1 月 1 日起，对新片区内从事集成电路、人工智能、生物医药、民用航空等关键领域核心环节相关产品（技术）业务，并开展实质性生产或研发活动的符合条件的法人企业，自设立之日起 5 年内减按 15% 的税率征收企业所得税。

4.2.4　适用 10% 税率

根据《财政部税务总局发展改革委工业和信息化部关于促进集成电路产业和软件产业高质量发展企业所得税政策的公告》第四条、第十条规定，自 2020 年 1 月 1 日起，国家鼓励的重点集成电路设计企业和软件企业，自获利年度起，第一年至第五年免征企业所得税，接续年度减按 10% 的税率征收企业所得税。

根据《中华人民共和国企业所得税法实施条例》第九十一条规定，非居民企业取得企业所得税法第二十七条第（五）项规定的所得，减按 10% 的税率征收企业所得税。

因此，汇总整理一下可知：一般企业的适用税率是 25%；小微企业的适用税率是 20%，实际减按之后是 5%、10%；高新技术企业、技术先进性服务企业、设在某些特定园区的企业，适用税率是 15%；重点集成电路设计企业和软件企业、非居民企业，适用税率是 10%。

老板财务笔记 🖋

根据相关税法规定，目前国内既定的企业所得税率有25%、20%、15%、10%四档，基本税率是25%，但实际中很多企业都属于小微企业，可以享受20%税率，在减按之后税率只有5%和10%，大大减轻了企业的负担。此外，一些特定行业或特定地区的企业可以享受15%和10%的税率。公司应该结合自身实际情况，根据不同的适用税率来计算企业所得税。

4.3　税前扣除：
哪些票据可以用来进行税前扣除

前几天，阿志陪一个客户吃饭花了 2 350 元，饭店没有开发票，只开了收据。阿志不知道收据能不能作为扣除凭证，就去问会计。答案是可以的。会计还告诉阿志，在公司实际产生的经营活动中，只要票据来历清楚，填写完整，大部分都是可以当作凭证做税前扣除的。

那么，什么是税前扣除，又有哪些票据可以用于税前扣除呢？

4.3.1　什么是税前扣除

税前扣除就是指在计算税费前允许从利润总额里面剔除一部分，这样最后缴纳的税费就减少了。企业所得税和个人所得税都可以进行税前扣除。

根据《企业所得税法》的规定，允许在缴纳企业所得税前进行扣除的项目共有 21 项。

一、工资、薪金支出：企业发生的合理的工资、薪金支出准予据实扣除。

二、职工福利费、工会经费、职工教育经费：职工福利费最多可以扣除工资薪金总额的 14%，超出部分不得扣除；工会经费最多可以扣除工资薪金总额的 2%，超出部分不得扣除；职工教育经费最多可以扣除工资薪金总额的 8%，超出部分准予在以后纳税年度结转扣除。

三、社会保险费及其他保险费：按照政府规定的范围和标准缴纳的"四险一金"，即基本养老保险费、基本医疗保险费（含生育保险费）、失业保险费、工伤保险费等基本社会保险费和住房公积金，准予扣除；企业为投资者或者职工支付的补充养老保险费、补充医疗保险费，在国务院财政、税务主管部门规定的范围和标准内准予扣除；企业依照国家有关规定为特殊工种职工支付的人身安全保险费和符合国务院财政、税务主管部门规定可以扣除的商业保险费也准予扣除；以及企业参加财产保险，按照规定缴纳的保险费也准予扣除。但是，企业为投资者或者职工支付的商业保险费不得扣除。

四、利息费用：其中非金融企业向金融企业借款的利息支出、金融企业的各项存款利息支出和同业拆借利息支出、企业经批准发行债券的利息支出需要据实扣除；非金融企业向非金融企业借款的利息支出，不超过按照金融企业同期同类贷款利率计算的数额的部分可据实扣除，超过部分不得扣除。

五、借款费用：其中企业在生产经营活动中发生的合理的不需要资本化的借款费用准予扣除；企业为购置、建造固定资产、无形资产和经过12个月以上的建造才能达到预定可销售状态的存货发生借款的，在有关资产购置、建造期间发生的合理的借款费用，以及有关资产交付使用后发生的借款利息，需要在发生当期扣除；企业通过发行债券、取得贷款、吸收保户储金等方式融资而发生的合理的费用支出，符合资本化条件的，应计入相关资产成本；不符合资本化条件的，应作为财务费用据实扣除。

六、汇兑损失：汇率折算形成的汇兑损失，除已经计入有关资产成本以及与向所有者进行利润分配有关的部分外，准予扣除。

七、业务招待费：按照实际发生额的60%扣除，但最高不得超过当年销售（营业）收入的5‰。

八、广告费和业务宣传费：其中符合条件的广告费和业务宣传费支出，不超过当年营业收入15%的部分，准予扣除，超出部分准予结转以后纳税年度扣除；至2025年底为止，化妆品制造或销售、医药制造和饮料制造（不含酒类）企业发生的广告费和业务宣传费，不超过当年营业收入30%的部分，准予扣除，超出部分准予结转以后纳税年度扣除。

九、环境保护专项资金：企业依照法律、行政法规有关规定提取的用于环境保护、生态恢复等方面的专项资金，准予扣除；上述专项资金提取后改变用途的，不得扣除。

十、租赁费用：其中属于经营性租赁发生的租入固定资产的租赁费支出，需要根据租赁期限均匀扣除；属于融资性租赁发生的租入固定资产的租赁费支出，构成融资租入固定资产价值的部分应当提取折旧费用，并分期扣除，租赁费支出不得在当期直接扣除。

十一、劳动保护费：企业发生的合理的劳动保护支出，准予扣除。

十二、公益性捐赠支出：企业实际发生的公益性捐赠支出，在年度利润总额 12% 以内的部分，准予在计算应纳税所得额时扣除。

十三、有关资产的费用：企业转让各类固定资产发生的费用，允许扣除；企业按规定计算的固定资产折旧费、无形资产和递延资产的摊销费，准予扣除。

十四、总机构分摊的费用：非居民企业在中国境内设立的机构、场所，就其中国境外总机构发生的与该机构、场所生产经营有关的费用，能够提供总机构出具的费用汇集范围、定额、分配依据和方法等证明文件，并合理分摊的，准予扣除。

十五、资产损失：企业当期发生的固定资产和流动资产盘亏、毁损净损失，准予扣除；企业因存货盘亏、毁损、报废等原因不得从销项税额中抵扣的进项税额，应视同企业资产损失，准予与存货损失合并在企业所得税前按规定扣除。

十六、其他项目：会员费、合理的会议费、差旅费、违约金、诉讼费用等，准予扣除。

十七、手续费及佣金支出：其中保险企业应按当年全部保费收入扣除退保金等后余额，财产保险按 15% 计算限额、人身保险按 10% 计算限额；超过部分，允许结转以后年度扣除；其他企业应按与具有合法经营资格中介服务机构或个人（不含交易双方及其雇员、代理人和代表人等）所签订服务协议或合同确认的收入金额的 5% 进行扣除；特殊行业从事代理服务、主营业务收入为手续费、佣金的企业为取得该类收入实际发生的营业成本（包括手续费、佣金），据实扣除。

十八、企业维简费（即专项用于企业维持简单再生产和安全生产设施支出方面的资金，主要用于运材道路延伸、河道整治和有关的工程设施、小型设备购置等）支出：实际发生的，划分资本性和收益性以及预提的维简费，不得扣除。

十九、依据财务会计制度规定，并实际在财务会计处理上已确认的支出：凡没有超过《企业所得税法》和有关税收法规规定的税前扣除范围和标准的，可按企业实际会计处理确认的支出，在企业所得税前扣除。

二十、企业参与政府统一组织的棚户区改造支出：工矿棚户区改造、林区棚户区改造、垦区危房改造并同时符合一定条件的棚户区改造支出，准予税前扣除。

二十一、金融企业贷款损失准备金税前扣除：其中贷款（含抵押、质押、担保、信用等贷款）；银行卡透支、贴现、应收融资租赁款等各项具有贷款特征的风险资产等准予税前提取；委托贷款、代理贷款、国债投资、应收股利、上交央行准备金以及金融企业剥离的债权和股权、应收财政贴息、央行款项等不承担风险和损失的资产不得税前提取。

同时，不允许进行税前扣除的项目共有 9 项，包括向投资者支付的股息、红利等权益性投资收益款项；企业所得税税款；税收滞纳金；罚金、罚款和被没收财物的损失；超过规定标准的捐赠支出（当年不得扣除）；赞助支出；未经核定的准备金支出；企业之间支付的管理费、企业内营业机构之间支付的租金和特许权使用费，以及非银行企业内营业机构之间支付的利息；与取得收入无关的其他支出。

可以看出，允许扣除的项目涵盖了大部分的企业日常经营活动，但某些允许扣除的项目下面还设置了具体的扣除限额和扣除对象，如借款费用、职工福利费、业务招待费、固定资产折旧费用等，企业应该根据自身的实际情况进行合理合法的税前扣除。比如，强盛公司当月的职工薪资总额是 500 000 元，按照规定，职工福利费不超过工资、薪金总额 14% 的部分才能予以扣除，也就是说，除了薪资支出 500 000 元以外，最多还可以将 500 000×14%=70 000 元的职工福利费计入管理费用，来进行税前扣除。

4.3.2　可以进行税前扣除的应税票据

（1）购买不动产、货物、工业性劳务、服务，接受劳务、受让无形资产，支付给境内企业单位或者个人的应税项目款项，该企业单位或者个人开具的发票。

（2）支付给行政机关、事业单位、军队等非企业性单位的租金等经营性应税收入，该单位开具（税务机关代开）的发票。

（3）从境内的农（牧）民手中购进免税农产品，农（牧）民开具的农产品销售发票或者企业自行开具的农产品收购发票。

（4）非金融企业实际发生的借款利息，应分别按不同情况处理：

①向银行金融企业借款发生的利息支出，该银行开具的银行利息结算单据。

②向非银行金融企业或非金融企业或个人借款而发生的利息支出，须取得付款单据和发票，辅以借款合同（协议）；在按照合同要求首次支付利息并进行税前扣除时，应提供"（本省任何一家）金融企业的同期同类贷款利率情况说明"。

③为向银行或非银行金融企业借款而支付的融资服务费、融资顾问费，应取得符合规定的发票。

（5）缴纳政府性基金、行政事业性收费，征收部门开具的财政票据。

（6）缴纳可在税前扣除的各类税金（费），税务机关开具的税收缴款书或表格式完税证明。

（7）拨缴职工工会经费，工会组织开具的工会经费收入专用收据。

（8）支付的土地出让金，国土部门开具的财政票据。

（9）缴纳的社会保险费，社保机构开具的财政票据（社会保险费专用收据或票据）。

（10）缴存的住房公积金，公积金管理机构盖章的住房公积金汇（补）缴书和银行转账单据。

（11）通过公益性社会团体或者县级以上人民政府及其部门的用于法定公益事业的捐赠，财政部门监制的捐赠票据，如公益性单位接受捐赠统一收据等。

（12）由税务部门或其他部门代收的且允许扣除的费、金，代收部门开具的代收凭证、缴款书（如工会经费代收凭证）等。

（13）因法院判决、调解、仲裁等发生的支出，法院判决书、裁定书、调解书，以及可由人民法院执行的仲裁裁决书、公证债权文书和付款单据。

（14）企业发生的资产损失税前扣除，按照《国家税务总局关于发布〈企业资产损失所得税税前扣除管理办法〉的公告》（国家税务总局2011年第25号公告发布）的规定执行。

（15）发生非价外费用的违约金、赔偿费，解除劳动合同（辞退）补偿金、拆迁补偿费等非应税项目支出，取得盖有收款单位印章的收据或收款个人签具的收据、收条或签收花名册等单据，并附合同（如拆迁、回迁补偿合同）等凭据，以及收款单位或个人的证照或身份证明复印件。

（16）支付给中国境外单位或个人的款项，应当提供合同、外汇支付单据、单位、个人签收单据等。税务机关在审查时有疑义的，可以要求其提供境外公证机构的确认证明并经税务机关审核认可。

（17）税收法律、法规对企业所得税税前扣除有特殊规定或要求的，按该规定或要求扣除。如研发费用加计扣除，需提供自主、委托、合作研究开发项目计划书和研究开发费预算，当年研究开发费用发生情况归集表，研究开发专门机构或项目组的编制情况和专业人员名单，研究开发项目的效用情况说明、研究成果报告等资料。

（18）签订了分摊协议的关联企业，其中一方可将另一方发生的，不超过另一方当年销售（营业）收入税前扣除限额比例的部分或全部广告费和业务宣传费支出，归集至本企业扣除，且可以不计算在本企业广告费和业务宣传费支出税前扣除限额内，但必须提供分摊协议且按协议归集。

（19）企业自制的符合财务、会计处理规定，能直观反映成本费用分配计算依据和发生过程的材料成本核算表（入库单、领料单、耗用汇总表等）、资产折旧或摊销表、制造费用的归集与分配表、产品成本计算单，支付职工薪酬的工资表，差旅费补助、交通费补贴、通信费补贴单据等内部凭证。

（20）国务院财政、税务主管部门规定的其他合法有效凭证。

老板财务笔记 ✒️

　　税前扣除是指所得税税前扣除项目，通俗地说就是法律允许在计算税费前从利润中剔除的那一部分，税前扣除越多，应交所得税越少。因此，合理利用税前扣除项目能够很大程度地减轻企业税负。

　　不是所有的应税行为都允许进行税前扣除，就算是允许扣除的项目，也必须取得合法合理的票据来进行扣除。应税支出产生的票据中，能够有效扣除的包括增值税发票、银行转账结算单、应税收入收条收据或协议等，非应税支出产生的票据中，能够有效扣除的包括完税证明、非税收入缴款书、非应税收入收据或协议等。

　　注意：税法可能会根据经济环境和政策需要进行调整，因此在实际操作中，企业应关注税法的最新动态，确保税前扣除的合规性。

4.4 应纳税额：
如何根据收入和成本计算应纳的企业所得税税额

在已知公司主营业务收入、其他业务收入、主营业务成本、其他业务成本、营业外收支以及各项费用的情况下，怎样才能计算出企业所得税呢？

应交企业所得税 = 应纳税所得额 × 所得税率

在这个公式中，所得税率是固定的。因此，要计算企业所得税，只需要计算出企业当期的应纳税所得额即可。

4.4.1 应纳税所得额

应纳税所得额是指按照税法规定确定纳税人在一定期间所获得的所有应税收入减除在该纳税期间依法允许减除的各种支出后的余额，是计算企业所得税税额的计税依据。应纳税所得额的计算，以权责发生制为原则，属于当期的收入和费用，不论款项是否收付，均作为当期的收入和费用；不属于当期的收入和费用，即使款项已经在当期收付，均不作为当期的收入和费用。

应纳税所得额的计算方法有两种，直接计算法和间接计算法。直接计算法计算简单，不必考虑调整，对账务记录没有要求，但是需要逐项收入支出计算，且不能反映会税差异，适用于业务量少的小企业。间接计算法能够反映会税差异及未来需要调整的企业所得税，但是对账务记录要求高，需要记账之初就要考虑会税差异，适用于使用《企业会计准则》的企业、需要记"递延所得税"、年会计业务量大的企业。

应纳税所得额 = 收入总额 - 不征税收入 - 免税收入 - 各项扣除 - 允许

弥补的以前年度亏损（直接计算法）

$$= 会计利润总额 \pm 纳税调整项目金额（间接计算法）$$

其中，间接计算法中的纳税调整项目金额 ≈ 直接计算法中的扣除项目 + 弥补亏损。

可见，无论用哪种方法计算企业所得税，关键都是扣除项目的调增。

4.4.2　如何调增

下面举例说明计算企业所得税时如何进行扣除项目的调增。

例一，强盛公司 2021 年的主营业务收入是 2 400 万元，其他业务收入 400 万元，主营业务成本 1 600 万元，其他业务成本 300 万元，营业外收支为正 10 万元。本年度管理费用共 70 万元，含业务招待费 50 万元，销售费用 500 万元，含广告费 320 万元、业务宣传费 40 万元，财务费用 2 万元，那么企业所得税是多少呢？

首先，根据利润总额的计算公式，计算出利润总额为 2 400+400+10-1 600-300-70-500-2=338 万元。

其次是调增业务招待费。按照规定，可以在所得税前列支该费用的 60%，为 50×0.6=30 万元，但是不能超过主营业务收入的千分之五，即（2 400+400）×5‰=14 万元，所以只能扣除 14 万元，应该调增 50-14=36 万元。

然后是调增广告费和业务宣传费。按照规定，在所得税前列支费用不得超过主营业务收入的 15%，也就是（2 400+400）×15%=420 万元，而公司实际产生的这项费用是 320+40=360 万元，在限额范围内，因此可以全额扣除，不需调增。

最后计算出应纳税所得额为 338+36=374 万元，应交所得税为 374×25%=93.5 万元。

例二，鹏华建材厂 2021 年取得建材销售收入 4 000 万元，其中建材销售成本 2 600 万元，销售费用 770 万元（其中广告费 650 万元），管理费用 480 万元（其中业务招待费 25 万元），财务费用 60 万元，销售税金 160 万元（含增值税 120 万元），营业外收入 80 万元，营业外支出 50 万元（含通过公益性社会团体向贫困山区捐款 30 万元）；计入成本、费用中的实发工资总额 200 万元、拨缴职工工会经费 5 万元、发生职工福利费 31 万元、发生职工教育经费 7 万元。那么鹏华建材厂当年应交多少企业所得税呢？

首先，根据利润总额的计算公式，计算出会计利润总额为 4 000+80-2 600-770-480-60-40-50=80 万元。

其次，根据扣除项目进行调增（相关扣除标准 4.3 节已述）：

广告费的扣除限额为 4 000×15%=600 万元，小于实际发生额 650 万元，因此调增额为 650-600=50 万元；

业务招待费的扣除限额为 25×60%=15 万元，没有超出规定上限，即 4 000×5‰=20 万元，因此实际调增额为 25-15=10 万元；

捐赠支出的扣除限额是年利润的 12%，即 80×12%=9.6 万元，实际发生额为 30 万元，因此实际调增额为 30-9.6=20.4 万元；

工会经费的扣除限额是薪资总额的 2%，即 200×2%=4 万元，小于实际发生额 5 万元，因此实际调增额为 5-4=1 万元；

职工福利费的扣除限额是薪资总额的 14%，即 200×14%=28 万元，小于实际发生额 31 万元，因此实际调增额为 31-28=3 万元；

职工教育经费的扣除限额是薪资总额的 2.5%，即 200×2.5%=5 万元，小于实际发生额 7 万元，因此实际调增额为 7-5=2 万元。

综上，需要调增的总额为 50+10+20.4+1+3+2=86.4 万元，应纳税所得额为 80+86.4=166.4 万元，因此鹏华建材厂当年应缴企业所得税为 166.4×25%=41.6 万元。

老板财务笔记

企业所得税的数额是由应纳税所得额和税率决定的，税率是固定的，因此，计算企业所得税实际上就是计算应纳税所得额。应纳税所得额的计算方法有直接法和间接法两种，前者适用于业务量较小的企业，后者适用于业务量大的企业。不管用哪种方法计算，关键都是要准确计算扣除项目的调增额。企业实际发生的费用要严格按照规定的标准和限额来予以扣除，经过调增之后的利润总额才能作为计算企业所得税的基数。

4.5 税收优惠：
哪些行业可以享受减免企业所得税的优惠政策

近几年，我国减税政策中大部分是关于企业所得税的调整，尤其是针对中小企业的税费优惠。企业所得税税收优惠方式主要包括免税、减税、加计扣除、加速折旧、减计收入、税额抵免等，其中对企业影响最大的是免税和减税。

减计收入就是前面讲到的税前扣除；加计扣除是指企业的研发费用，在未形成无形资产计入当期损益前，可以在据实扣除的基础上再按实际发生额的 100% 扣除；税额抵免则通常是针对个人投资或国际税收的优惠。

根据《企业所得税法》《企业所得税条例》等税法规定，符合规定条件的企业根据其所在地区、所处行业、所占规模，可以享受不同的免税和减税政策。具体可以按照减免的年限来划分，免征 1 年为"一免"，减征 1 年为"一减"，以此类推。下面介绍了一些可以享受优惠政策的企业，有些政策是有时效的，读者朋友若想进一步了解，可以查阅国家发布的最新政策。

4.5.1 可以享受减征的企业

①小型微利企业：指从事国家非限制和禁止行业，且同时符合年度应纳税所得额不超过 300 万元、从业人数不超过 300 人、资产总额不超过 5 000 万元等三个条件的企业。根据最新政策，对小型微利企业年应纳税所得额不超过 100 万元的部分，减按 12.5% 计入应纳税所得额，按 20% 的税率缴纳企业所得税；对年应纳税所得额超过 100 万元但不超过 300 万元的部分，减按 50% 计入应纳税所得额，按 20% 的税率缴纳企业所得税。

②经国务院批准的高新技术产业开发区内的高新技术企业，减按15%的税率征收企业所得税。

③环保型企业：对于符合环保标准，且年生产、销售环保产品收入达到一定比例的企业，可享受不同程度的减征优惠。

④安置残疾人员企业：企业安置残疾人员所支付的工资，在按照支付给残疾职工工资据实扣除的基础上，可以按照支付给残疾职工工资的100%加计扣除。如果企业安置残疾人员的比例达到一定标准（如25%及以上），且符合其他相关条件，还可能享受更大幅度的税收优惠。

⑤对设在西部地区的鼓励类产业企业减按15%的税率征收企业所得税。

⑥其他特定行业：如乡镇企业、创投企业、集成电路生产企业等，根据具体政策可享受不同程度的减征优惠。

4.5.2　可以享受免征的企业

① 在农村地区为农业生产提供产前、产中、产后服务的行业，包括乡村的农业技术推广站、植物保护站、水利管理站、林业工作站、畜牧兽医站、水产技术推广站、农机服务站，以及农民专业合作经济组织、专业技术协会等，其提供的技术服务或劳务收入，可能享受所得税减免或优惠。

② 科研单位和高等院校为各行业提供的技术成果转让、技术培训、技术咨询、技术服务、技术承包等技术性服务收入，通常可享受所得税减免或优惠。

③ 企业事业单位进行技术转让及其相关的技术咨询、技术服务、技术培训所得，若符合一定条件，如年净收入在一定限额以下，可享受所得税减免政策。

④高等学校和中小学校办工厂、农场自身从事的生产经营所得，根据教育支持政策，可能继续享受所得税减免或优惠。

⑤民政部门举办的福利工厂和街道办的非中途转办社会福利生产单位，若安置残疾人员占生产人员总数的比例达到或超过规定标准（如35%），根据残疾人就业促进政策，可享受所得税减免。

⑥专门生产和装配伤残人员专用用品的企业，根据残疾人福利政策，通常可享受企业所得税减免。

⑦境外机构投资境内债券市场取得的债券利息收入，可能享受企业所得税和增值税的减免或优惠。

4.5.3 可以享受"一免"或"一减"的企业

①对新办的独立核算的从事交通运输、邮电通信的企业或经营单位，自开业之日起，第1年免征所得税，第2年减半征收所得税。

②企业遇有风、火、水、震等严重自然灾害，经主管税务机关批准，可减征或免征所得税1年。

③为处理利用其他企业废弃的，且在《资源综合利用目录》内的资源而兴办的企业，经主管税务机关批准，可减征或免征所得税1年。

此外，企业招用某些特殊群体，如果签订1年以上期限劳动合同并依法缴纳社保，也可以按照实际招用人数予以定期定额依次扣减增值税、城市维护建设税、教育费附加、地方教育附加和企业所得税优惠。比如招用建档立卡贫困人口，以及在人社部门公共就业服务机构登记失业半年以上且持《就业创业证》或《就业失业登记证》（注明"企业吸纳税收政策"）的人员，可以在3年内按实际招用人数依次扣减，每人每年6 000元，最高可上浮30%，执行期限延长至2025年12月31日。

老板财务笔记 ✏

> 　　企业所得税有很多种优惠方式，税前扣除是其中的一种，对企业影响最大的是减税和免税。除了小微企业可以享受减按 5% 的企业所得税率以外，还有很多企业都可以享受不同程度的减征甚至免征，根据所处行业性质的不同，免征期限为最长永久、最低 1 年不等，减征比例为最高 50%、最低 10% 不等。此外，特殊地区和招用特殊群体的企业也可以根据相应政策享受到所得税优惠。

4.6　企业所得税与金税四期：
金税四期对企业所得税和纳税管理有什么影响

　　金税四期的稽查对象是谁？第一拨查的是资本性所得，第二拨查的是网红、娱乐明星，第三拨查的就是像阿志这样的企业老板。

　　金税四期对企业所得税的稽查重点首先是企业发票的"三查"问题，即"查税必查票""查账必查票""查案必查票"，这就要求企业在开票问题上要格外注意"三流一致"，也就是资金流、发票流、合同流相统一，有的还会加上货物流，也就是"四流一致"。这也提醒企业一定要做好进、销、存管理，尽量避免库存账实不一致。此外，虚构成本与虚开发票不仅要缴纳罚款和补缴税款，一旦触及红线，企业相关当事人还要背负刑事责任。

　　其次是税负率异常的问题。虽然企业的税负率可能受到多个因素的影响，但是一般情况下，企业在某个时期内的税负率波动不会很大。在系统升级后，每个行业的增值税、所得税税负水平以及变化在当地税务系统中记录更加详细，对于企业的税负率浮动比例更加敏感，税务机关会针对企业的纳税情况进行评估，调查企业税负率出现波动的原因。

　　还有企业社保缴纳问题。从 2022 年 11 月 1 日开始，全国多地相继实施"社保入税"。在各部门的大数据联网的情况下，企业的一举一动都被纳入了监管系统。随着金税四期的上线，不论是税务还是工商、社保等非税业务都在联网系统中，全网数据统一化，从前很多企业员工的工资显示都保持在 5 000 元以下并且长期不变，或者试用期不入社保、社保挂靠或代缴社保等，今后这些行为将再也行不通了。

　　最后是虚假开户和虚报利润问题。银行等参与机构可以核实企业的重要信息，并多维度核查企业的真实性，了解企业的经营状况。企业报送的资产负债表与利润表勾稽关系有出入、利润表里的利润总额与企业所得税申报表中的利润总额有出入、企业常年亏损却屹立不倒、同行业利润偏低等异常情况都会引发预警。

老板财务笔记

> 　　金税四期是通过对企业所得税、增值税、个人所得税等各类税种的统一管理，实现对企业财务活动的全面监管和规范。
>
> 　　金税四期对于企业所得税的稽查重点包括发票、税负率、社保缴纳、利润核实等几个方面。因此，企业应该在日常经营中做好费用预算和支出控制，确保所有的合同和票据清晰合法，回归业务的本来面目和商业本质。

第 5 章

印花税：针对特定文件或
合同的税金

5.1 初识印花税：
为什么文件上盖的章还需要交税

最近，行政部的同事在帮阿志清理办公室时，翻出了很多前些年的资料，包括发票、文件、合同之类，其中有一小沓看起来像邮票的东西，同事以为没什么用。会计却说，这些叫作印花税票，是缴纳印花税的凭证。由于现在大部分都已经用缴款书来替代，因此留存下来不少。

5.1.1 什么是印花税

印花税是对经济活动和经济交往中书立、领受具有法律效力的凭证的行为所征收的一种税。因采用在应税凭证上粘贴印花税票作为完税的标志而得名。简单地说，就是针对合同或文件上盖的章收的税。

印花税实行由纳税人根据规定自行计算应纳税额，购买并一次贴足印花税票的缴纳办法，也就是通常所说的"贴花"。印花税票是缴纳印花税的完税凭证，由国家税务总局负责监制，是一种有价证券，票面金额以人民币为单位，分为壹角、贰角、伍角、壹元、贰元、伍元、拾元、伍拾元、壹佰元 9 种。

印花税可以采用粘贴印花税票或者由税务机关依法开具其他完税凭证的方式缴纳。为简化贴花手续，应纳税额较大或者贴花次数频繁的，纳税人可向税务机关提出申请，采取以缴款书代替贴花或者按期汇总缴纳的办法。

5.1.2　印花税的征收范围

目前我国的印花税，只对《中华人民共和国印花税法》中列举的凭证征收，没有列举的凭证不征收。列举的凭证分为四类，包括 11 大类合同、产权转移书据类、营业账簿类和证券交易类。

①合同类：包括借款合同（包括银行业金融机构、经批准设立的其他金融机构与借款人的借款合同、只填开借据并作为合同使用的借据，不包括银行同业拆借合同、企业与非金融机构的借款合同）、融资租赁合同、租赁合同、买卖合同（包括供应、预购、采购、购销结合及协作、调剂、补偿、贸易等合同，以及出版单位与发行单位之间订立的图书、报纸、音像制品的应税凭证，不包括个人书立的动产买卖合同）、承揽合同、建设工程合同、运输合同（包括货运合同和多式联运合同，不包括管道运输合同）、技术合同（包括技术开发、技术转让、技术咨询、技术服务等合同，不包括专利权转让、专利实施许可、专有技术使用权转让书据）、保管合同、仓储合同、财产保险合同（包括财产、责任、保证、信用等保险合同，不包括再保险合同）。

②产权转移书据：包括土地使用权出让书据，土地使用权、房屋等建筑物和构筑物所有权转让书据，股权转让书据（不包括应缴纳证券交易印

花税的书据），以及商标专用权、著作权、专利权、专有技术使用权的转让书据。不包括土地承包经营权和土地经营权转移。

③营业账簿：仅包括资金账簿征税，即反映生产经营单位"实收资本"和"资本公积"金额增减变化的账簿，不包括其他营业账簿。

④证券交易：一般分为上市交易和上柜交易两种形式，前者是指证券在证券交易所集中交易挂牌买卖，后者是指公开发行但未达上市标准的证券在证券柜台买卖。

这里需要注意的是，对名称中带有专利／技术字样的合同，要辨析其属于产权转移书据还是技术合同，关键是看交易发生时该项技术是否已经取得了专利。如果已经取得了专利权，再许可他人使用或转让，适用税目为产权转移书据；如果转让尚未取得专利权的技术，或者是尚未取得专利权、将申请专利的权利转让，则适用税目为技术合同，如表 5-1 所示。

表 5-1　技术合同和产权转移书据的判别

合同类型	税目
专利申请转让合同	技术合同
非专利技术转让合同	
专利权转让合同	产权转移书据
专有技术使用权合同	
专利实施许可合同	

5.1.3　印花税的纳税人

在中华人民共和国境内书立应税凭证、进行证券交易的单位和个人，为印花税的纳税人，根据权利义务的不同，印花税的纳税人包括五个主体：

立合同人，即合同的当事人，指对凭证有直接权利义务关系的单位和个人，但不包括合同的担保人、证人、鉴定人；立据人，即书立产权转移书据的单位和个人；立账簿人，即开立并使用营业账簿的单位和个人；使用人，指在国外书立、领受，但在国内使用的应税凭证的单位和个人；证券交易人，指在境内进行证券交易的单位和个人。印花税只对出让方征收，不对受让方征收。

在境外书立而在境内使用应税凭证的单位和个人也应当按规定缴纳印花税。境外单位或者个人为纳税人，在境内有代理人的，以其境内代理人为扣缴义务人；在境内没有代理人的，由纳税人自行申报缴纳印花税。此外，以电子形式签订的各类应税凭证均应按规定征收印花税，同一应税凭证由两方以上当事人书立的，按照各自涉及的金额分别计算应纳税额。

证券交易印花税的扣缴义务人为证券登记结算机构。

5.1.4　计税依据和征收管理

印花税根据不同征税项目，分别实行从价计征和从量计征两种征收方式。各类经济合同，以合同上记载的金额、收入或费用为计税依据；产权转移书据以书据中所载的金额为计税依据；记载资金的营业账簿，以实收资本和资本公积两项合计的金额为计税依据；其他营业账簿和权利、许可证照，以计税数量为计税依据。

根据纳税义务发生时间的不同，印花税的纳税期限也不同，如表5-2所示。

表5-2　印花税纳税义务发生的时间和期限

应税项目	纳税义务发生时间	纳税期限
合同、产权转移书据、资金账簿	书立应税凭证的当日	按季、按年或按次计征。 1. 实行按季、按年计征的，自季度、年度终了之日起15日内申报纳税。 2. 实行按次计征的，自纳税义务发生之日起15日内申报纳税

续表

应税项目	纳税义务发生时间	纳税期限
证券交易	证券交易完成的当日	1. 按周解缴。 2. 扣缴义务人应当自每周终了之日起5日内申报解缴税款以及银行结算利息

同时，印花税的缴纳地点也根据纳税义务产生的情形有所不同，如表5-3所示。

表5-3　印花税的纳税地点

情形	纳税地点
纳税人为单位	机构所在地
纳税人为个人	应税凭证书立地或者纳税人居住地
不动产产权发生转移	不动产所在地

5.1.5　税收优惠

印花税的减免主要针对的是我国的金融机构以及中小微企业，目的是激发市场活力。目前金融机构以及小、微型企业签订的借款合同，可以免征印花税。除此之外，以下13种情形也可以免征印花税：

①应纳税额不足1角的，免征印花税；

②已缴纳印花税的凭证的副本或者抄本，免征印花税；

③财产所有人将财产赠给政府、社会福利单位、学校所立的书据，免征印花税；

④国家指定的收购部门与村民委员会、农民个人书立的农副产品收购合同，免征印花税；

⑤无息、贴息贷款合同，免征印花税；

⑥外国政府或者国际金融组织向中国政府及国家金融机构提供优惠贷款所书立的合同，免征印花税；

⑦对商店、门市部的零星加工修理业务开具的修理单，不贴印花；

⑧对企业车间、门市部、仓库设置的不属于会计核算范围，或属会计核算范围，但不记载金额的登记簿、统计簿、台账等，不贴印花；

⑨纳税人已履行并贴花的合同，发现实际结算金额与合同所载金额不一致的，一般不再补贴印花；

⑩农林作物、牧畜类保险合同，免征印花税；

⑪出版合同，不属于印花税列举征税的凭证，免征印花税；

⑫代理单位与委托人之间签订的委托代理合同，不征收印花税；

⑬军事物资运输结算凭证、抢险救灾物资运输结算凭证、为新建铁路运输施工所属物料，使用工程临管线专用运费凭证，免征印花税。

老板财务笔记 🖊

> 　　印花税就是在合同或文件上盖章需要缴纳的税。和前面所说的几个税种不同，印花税的税票是一种有价证券，有具体的票面金额。印花税有从价计征和从量计征两种征收方式，金融机构和小微企业的借款合同，以及某些特殊情形可以免征印花税。

5.2 印花税的税率：
如何根据合同或文件的类型判断印花税的缴纳比例

现行的印花税税率有五档：千分之一、万分之五、万分之三、万分之二点五、万分之零点五。跟增值税、企业所得税和个人所得税相比，印花税算是税率比较低的一个税种。

2022 年 7 月 1 日起，《中华人民共和国印花税法》开始施行，与 1988 年 8 月 6 日国务院颁布的《中华人民共和国印花税暂行条例》（已废止）中的一些税目和税率进行了对比，如表 5-4 所示。

表 5-4 印花税新法旧规的主要变动情况一览表

类型	印花税法税目（新法）	税率变动情况	税率（新法）	1988 年版
合同	承揽合同	税率降低	万分之三	加工承揽合同
	建设工程合同	税率降低	万分之三	建筑安装工程承包合同
				建设工程勘察设计合同
	运输合同	税率降低	万分之三	货物运输合同
	融资租赁合同	新增	租金的万分之零点五	无
	借款合同	不变	借款金额的万分之零点五	借款合同
	买卖合同	不变	万分之三	购销合同
	技术合同	不变	价款、报酬或者使用费的万分之三	技术合同
	租赁合同	不变	租金的千分之一	财产租赁合同
	保管合同	不变	保管费的千分之一	仓储保管合同
	仓储合同	不变	仓储费的千分之一	

续表

类型	印花税法税目（新法）	税率变动情况	税率（新法）	1988 年版
合同	财产保险合同	不变	保险费的千分之一	财产保险合同
产权转移书据	商标专用权、著作权、专利权、专有技术使用权转让书	税率降低	万分之三	产权转移书据
	土地使用权出让书据	不变	万分之五	
	土地使用权、房屋等建筑物和构筑物所有权转让书据（不包括土地承包经营权和土地经营权转移）	不变	万分之五	
	股权转让书据（不含证券交易）	不变	万分之五	
证券交易		新增	成交金额的千分之一	无
营业账簿		税率降低	实收资本（股本）、资本公积金合计金额的万分之二点五	营业账簿（记载资金的账簿）
		取消		营业账簿（其他账簿）
		取消		权利、许可证照

123

5.3　应纳税额计算：
如何根据交易金额计算应缴纳的印花税额

阿志最近在老胡处购买了一批建材，交易金额为 20 万元，并签订了购销合同。在了解了合同需要缴纳印花税时，阿志发现不仅自己需要缴纳，老胡作为合同另一方也同样需要承担印花税。这引发了阿志的好奇，究竟印花税是如何计算的呢？

首先，我们需要明确印花税的计算方式。自 2022 年新印花税法实施以来，取消了定额税率，目前所有征收印花税的凭证均按比例税率计算，公式为：应纳税额 = 应税凭证计税金额 × 比例税率。比例税率的具体数值可参考表 5-4。接下来，我们通过几个实例来详细解析印花税的计算方法。

例一，强盛公司向鹏华建材厂购买了 500 吨钢材，单价为 5 000 元 / 吨（不含增值税）。在此购销合同中，由于双方均参与了合同的签订，因此都需要缴纳印花税。根据计算公式，应纳税额为 500 吨 ×5 000 元 / 吨 ×0.3‰ =750 元，双方各承担一半。

例二，阿志新开了一家公司，2022 年 11 月开业时实收资本 6 000 万元，2023 年增加资本公积 200 万元，那么 2022 年和 2023 年分别要交多少印花税？

2022 年实收资本 6 000 万元产生印花税 60 000 000×0.25‰ =15 000 元；2023 年企业启用新账簿后，实收资本和资本公积两项合计金额大于原已贴花金额，就增加的部分补贴印花，产生印花税 2 000 000×0.25‰ =500 元。

例三，强盛公司与两家建材厂签订了受托加工合同。在与鹏华建材厂签订的合同中，由于原材料和加工费未分开签订合同，因此需按总金额计算印花税；而在与长隆建材厂签订的合同中，原材料和加工费分别签订了合同，因此需分别计算印花税。具体计算如下：与鹏华建材厂的业务产生印花税（100万+20万）×0.3‰=360元；与长隆建材厂的业务产生印花税500 000元×0.3‰+100 000元×0.3‰=180元。因此，强盛公司一共需缴纳印花税540元。

例四，强盛公司2022年4月份与A公司签订了1 500万元的建筑工程承包合同，5月份强盛公司将其中500万元的工程项目转包给了B建筑公司。根据印花税法规定，承包合同和转包合同均需缴纳印花税。因此，强盛公司应缴纳的印花税为：承包合同印花税15 000 000×0.3‰=4 500元，转包合同印花税5 000 000×0.3‰=1 500元，合计应缴纳印花税6 000元。

老板财务笔记 🖋

印花税的计算比较简单，按照比例税率和合同文件上的金额计算即可。合同双方的当事人都需要缴纳印花税。同一凭证，因载有两个或者两个以上经济事项而适用不同税目税率，如分别记载金额的，应分别计算应纳税额，相加后按合计税额贴花；如未分别记载金额的，按税率高的计税贴花。

第6章
消费税：针对高消费行为
的税金

6.1　初识消费税：
为什么高消费行为需要缴纳消费税

这天，强盛公司的一名股东准备购买一辆新车。在付款过程中，他意外发现除车辆购置税外，还需支付高额的消费税，这让他感到困惑。销售人员解释说，由于该款汽车是在进口基础上进行改型的，其税务处理涉及不同的税率，因此产生了较高的消费税。

6.1.1　什么是消费税

消费税并非"有钱人的专属税"，而是一种针对特定消费品和消费行为征收的流转税。它主要对十五类特定商品征收，这些商品通常具有以下特点：一是对人体健康有害或对环境造成污染，如烟酒、鞭炮焰火、电池等；二是国家不鼓励的高消费商品，如游艇、高档化妆品等；三是不可再生资源，如成品油、木制一次性筷子等。

消费税的征收标准并非基于商品的价值或购买者的财富水平，而是看该商品是否对环境资源占用或消耗比重较大。消费税属于价内税，即消费税已包含在商品价格中，并作为计算其他税种（如增值税）的计税依据。

消费税的纳税环节主要包括生产、委托加工、进口、零售和批发。大部分消费品在单一环节征收消费税，如生产、委托加工或进口环节。然而，某些特殊消费品如金银铂钻在零售环节征收，而超豪华小汽车则在生产和零售两个环节征收。卷烟则在生产和批发两个环节征收消费税。

6.1.2　如何看待消费税

消费税的立法意义与其征收标准紧密相连。它旨在提倡环保、开源节能，同时平衡财富、维持财政。具体表现在以下几个方面：

（1）体现消费政策，调整产业结构。通过征收消费税，可以抑制对人体健康不利的消费品的生产，如烟酒等；调节特殊消费，如摩托车、小汽车等；节约一次性能源，如汽油、柴油等。

（2）正确引导消费，抑制超前消费。对奢侈品或超前消费的物品征收消费税，可以增加购买者的负担，适当抑制高水平或超前的消费。

（3）稳定财政收入，保持原有负担。消费税是在流转税制改革背景下出台的，旨在确保税制改革后不减少财政收入，同时保持对某些产品生产和消费的调控作用。

（4）调节支付能力，缓解分配不公。通过对奢侈品或特殊消费品征收消费税，可以调节个人支付能力，抑制高收入者的高消费，从而缓解社会分配不公的问题。

老板财务笔记

消费税是一种针对特定高端消费品和服务的税种，其征税范围相对狭窄。作为流转税的一种，消费税在商品的生产、加工、进口、零售、批发等环节进行征收。通过对非环保、不可再生类商品或高端奢侈品征收消费税，可以有效地抑制消费者的购买欲望，增加国家的税收收入，并平衡社会财富分配。

6.2　消费税的缴纳范围：
公司的哪些高消费行为需要缴纳消费税

这个月，公司业务比较繁忙，应酬也比较多。为此，阿志购买了一批高档烟酒，准备送给比较重要的客户，共花费了 155 000 元。同时，这个月他自己去高尔夫会所消费了 20 000 元。阿志知道这些都属于高消费行为，但是不是都需要缴纳消费税呢？

一般而言，高消费行为涵盖购买高价奢侈品、消费品，以及在星级宾馆、酒店、夜总会、高尔夫球场等高端场所的消费；此外，还包括购买不动产、新建或扩建房屋、高档装修，以及购买非经营必需的高档消费品等。然而，并非所有高消费行为都需缴纳消费税。消费税仅针对特定的 15 个税目征收，与消费行为本身无关，而是与消费的商品直接相关。

因此，阿志在高尔夫会所的消费不属于消费税征收范围，无须缴税；而他购买的高档烟酒，则属于消费税征收的商品范畴，相关税费已包含在商品价格中。所以，对于这批高档烟酒，消费税已由销售方代扣代缴。

6.3 应纳税额的计算：
如何根据商品项目和金额计算应缴纳的消费税额

最近，阿志的侄女要结婚了。阿志从金店购买了一些金饰准备作为贺礼，总价为10万元（不含税）。此次购买除了涉及增值税，还产生了近400元的消费税。金银饰品是少数需要在零售环节征收消费税的税目，计算比较简单，那么，对于消费税的其他征收税目和环节，其计算方法又是怎样的呢？

从商品流通的角度看，消费税和增值税均属于流转税范畴，但消费税的征税范围相对增值税要小得多。这是因为，产生消费税的交易必然会产生增值税，而产生增值税的交易则不一定涉及消费税。此外，增值税允许抵扣，而消费税则不允许。因此，在计算上，消费税相对增值税要简单一些。

6.3.1 生产环节

①有同类消费品销售价格的，按照纳税人生产的同类消费品的销售价格计算纳税（加权平均售价）。计算公式为：

应纳税额 = 同类消费品销售单价 × 自产自用数量 × 适用税率

②没有同类消费品销售价格的，按照组成计税价格计算纳税。其中实行从价定率法的计算公式为：

组成计税价格 = （成本 + 利润）÷（1 - 消费税比例税率）

=[成本 ×（1 + 成本利润率）]÷（1 - 消费税比例税率）

应纳税额 = 组成计税价格 × 适用税率

比如，某化妆品生产企业为增值税一般纳税人，10月份向A商场销售化妆品一批，开增值税专票 30 万元，增值税 5.1 万元，另开普票收取运费 117 元；向 B 商场销售化妆品一批，开普票 4.68 万元，那么该企业 10 月份的应税销售额就是 300 000+117÷1.17+46 800÷1.17=340 100 元，由于化妆品适用税率为 30%，因此应交消费税为 340 100×30%=102 030 元。

实行复合计税法的计算公式为：

组成计税价格 =（成本 + 利润 + 自产自用数量 × 定额税率）÷（1- 比例税率）

=[成本 ×（1+ 成本利润率）+ 自产自用数量 × 定额税率]÷（1- 比例税率）

应纳税额 = 组成计税价格 × 比例税率 + 自产自用数量 × 定额税率

比如，某卷烟生产企业为一般纳税人，8 月份对外销售卷烟 30 箱，含税售价 2 340 元 / 箱，当月赠送卷烟 10 条，卷烟适用消费税率 45%，定额税率 150 元 / 箱，每箱 250 条。那么在计算消费税时，需要先将 10 条卷烟换算成箱，即 10÷250=0.04 箱，然后计算消费税为（30+0.04）×150+（30+0.04）×2 340÷1.17×45%=31 542 元。

6.3.2 委托加工环节

受托方有同类消费品销售价格的，按照受托方的同类消费品的销售价格计算纳税，如果当月同类消费品各期销售价格高低不同，应按销售数量加权平均计算。计算方法为：

应纳税额 = 同类消费品销售额 × 比例税率（从价定率）

= 同类消费品销售额 × 比例税率 + 委托加工数量 × 定额税率（复合计税）

受托方没有同类消费品销售价格的，按组成计税价格计税。其中实行从价定率法的计算方法为：

组成计税价格＝（材料成本＋加工费）÷（1-消费税比例税率）

实行复合计税法的计算公式为：

组成计税价格＝（材料成本＋加工费＋委托加工数量×定额税率）÷（1-消费税比例税率）

材料成本是指委托方所提供加工材料的实际成本。如果委托方提供的原材料是免税农产品，材料成本＝买价×（1-扣除率）。如果加工合同上未如实注明材料成本的，受托方所在地主管税务机关有权核定其材料成本。

加工费是指受托方加工应税消费品向委托方所收取的全部费用（包括代垫辅助材料的实际成本），但不包括随加工费收取的销项税，这样组成的价格才是不含增值税但含消费税的价格。

例如，A卷烟厂生产销售卷烟，6月份发出烟叶一批，委托B厂加工成烟丝，发出加工烟叶的成本为20万元，支付不含税加工费8万元。B厂没有同类烟丝销售价格。7月份A厂收回委托B厂加工的烟丝，售出其中一半，不含税售价为25万元，另一半用于生产卷烟。需要注意的是，委托加工环节缴纳增值税和消费税的计税基础不一致。提回委托加工的烟丝，售出的一半不再缴纳消费税，但还需缴纳增值税；生产领用的另一半，领用时既不缴纳消费税也不缴纳增值税。因为烟丝用于连续生产卷烟，所以提货时缴纳的消费税可以从月末向税务机关缴纳的消费税中扣除。因此，消费税组成计税价格为（20+8）÷（1-30%）=40万元，提货时应交消费税40×30%=12万元。

6.3.3　进口环节

实行从价定率法计征的，计算方法为：

应纳税额＝组成计税价格×消费税税率

组成计税价格＝（关税完税价格＋关税＋消费税定额税）÷（1-消费税税率）

比如，某外贸公司从国外进口卷烟100箱，经海关审定的完税凭证价格为150万元人民币，关税税率为20%，消费税税率为45%，消费税定额税率为150元/箱。则应交关税为1 500 000×20%=300 000元，消费税定额税为100×150=15 000元，组成计税价格为（1 500 000+300 000+15 000）÷（1-45%）=3 300 000元，因此应交消费税为3 300 000×45%+15 000=1 500 000元。

实行从量定额法计征的，计算方法为：

应纳税额＝应税消费品数量 × 消费税单位税额

实行复合计税法计征的，计算方法为：

应纳税额＝应税消费品 × 消费税单位税额＋组成计税价格 × 消费税税率

组成计税价格＝（关税完税价格＋关税＋进口数量 × 消费税定额税率）÷（1-比例税率）

6.3.4 批发零售环节

计税价格＝销售价格-增值税税款-消费税税款

应纳税额＝计税价格 × 消费税税率

比如，阿志从某金店购买了一个金首饰（零售），价格为10万元，增值税税率13%，消费税税率5%，那么计税价格为100 000÷（1+13%）≈88 495.58元，增值税税额为88 495.58×13%≈11 504.43，消费税税额为88 495.58×5%≈4 424.78元。

老板财务笔记

> 消费税在不同的纳税环节计算方法不同，有三种计税方法，分别是从价定率法、从量定额法以及复合计税法。在组成计税价格时会产生自产自用和委托加工的情况，其中自产自用视同销售，二者都可以按照同类消费品的销售价格计算，如果没有同类价，则按照组成计税价格计算。此外，用外购和委托加工收回的应纳消费品连续生产应税消费品的，可以将其已缴纳的部分扣除。

第 7 章
附加税：附加于增值税和消费税的税金

　　附加税，顾名思义，就是随正税加征的税。常见的附加税类型有教育费附加、地方教育附加、文化事业建设费、环境保护税、城市建设附加等，这些附加税主要用于支持教育、文化、水利建设等公共事业和环保工作，促进经济可持续发展和社会公平。根据不同附加税的实施范围和税率，对纳税人的经济负担也有所不同。

7.1 城建税：
年营收 100 万元，需要缴纳城建税吗

城建税是政府从个人和企业获取收入以支持城市基础设施建设和提高社会福利水平的一种税收，主要类型有个人城建税、企业城建税和土地建设税。城建税可以帮助政府减轻社会保障和社会福利负担，促进城市经济可持续发展。

原则上讲，只要缴纳增值税、消费税中任一税种的纳税人都要缴纳城建税。也就是说，除了减免税等特殊情况以外，任何从事生产经营活动的企业单位和个人都要缴纳城建税。城建税又可以划分为城镇土地使用税、房产税、城市土地增值税、车船税、旅游税、城市维护建设附加税。

一般来说，城镇规模越大，所需要的建设与维护资金越多。根据《中华人民共和国城市维护建设税法》，纳税人所在地在市区的，税率为 7%；所在地在县城、镇的，税率为 5%；所在地不在市区、县城或者镇的，税率为 1%。

城建税的计算方法很简单：

应纳税额 =（实际缴纳增值税 + 消费税）× 适用税率

比如，强盛公司为增值税一般纳税人，城建税率 7%。2022 年 9 月增值税销项税额是 100 万元，可抵扣进项税额是 40 万元，留抵退税额是 20 万元，那么 9 月的城建税就是（100-40-20）×7%=2.8 万元。

7.2　教育费附加：
一家英语培训机构如何缴纳教育费附加税

教育费附加是对缴纳增值税、消费税的单位和个人征收的一种附加费，是由税务机关负责征收、同级教育部门统筹安排、同级财政部门监督管理，专门用于发展地方教育事业的预算外资金，有利于加快发展地方教育事业。

根据《征收教育费附加的暂行规定》：凡缴纳消费税、增值税的单位和个人，除按照《国务院关于筹措农村学校办学经费的通知》的规定，缴纳农村教育事业费附加的单位外，都应当依照本规定缴纳教育费附加。

教育费附加税以各单位和个人实际缴纳的增值税、消费税的税额为计征依据，不含滞纳金和罚款，税率为3%，计算公式为：

应交教育费附加＝（实际缴纳的增值税＋消费税）×3%

比如，阿志的朋友开了一家英语培训机构，为小规模纳税人，2022年10月的营收是40万元，若增值税率减按1%计算，则当月增值税为400 000×1%=4 000元，教育费附加税为4 000×3%=120元。

现行的及这两年施行过的教育费附加税优惠政策有：

一、根据《财政部 国家税务总局关于扩大有关政府性基金免征范围的通知》规定：自2016年2月1日起，将免征教育费附加和地方教育附加的范围，由按月纳税的月销售额或营业额不超过3万元（按季度纳税的季度销售额或营业额不超过9万元）的缴纳义务人，扩大到按月纳税的月销售额或营业额不超过10万元（按季度纳税的季度销售额或营业额不超过30万元）的缴纳义务人。

二、根据《财政部 税务总局关于进一步实施小微企业"六税两费"减免政策的公告》规定：自2022年1月1日至2024年12月31日，由省、自治区、直辖市人民政府根据本地区实际情况，以及宏观调控需要确定，对增值税小规模纳税人、小型微利企业和个体工商户可以在50%的税额幅度内减征资源税、城市维护建设税、房产税、城镇土地使用税、印花税（不含证券交易印花税）、耕地占用税和教育费附加、地方教育附加。

三、根据《广东省财政厅　国家税务总局广东省税务局关于我省实施小微企业"六税两费"减免政策的通知》规定：自2022年1月1日至2024年12月31日，对广东省增值税小规模纳税人、小型微利企业和个体工商户，减按50%征收资源税、城市维护建设税、房产税、城镇土地使用税、印花税（不含证券交易印花税）、耕地占用税和教育费附加、地方教育附加。

7.3　地方教育附加：
为什么企业需要缴纳地方教育附加税费

地方教育附加，顾名思义，就是国家为推动"科教兴省"战略的实施、增加地方教育投入而设立的一项地方政府性基金，旨在促进各省、自治区、直辖市教育事业的发展。一般来说，这些费用会用于改善学校的硬件设施，如校舍的修缮、操场的建设等；也会用于购买先进的教育设备，如电脑、投影仪等；还会有一部分资金用于提高教师待遇，吸引更多优秀的教师资源。

地方教育附加以实际缴纳的增值税、消费税的税额为计征依据，按2%的比例计征。计算公式为：

应交地方教育附加 =（实际缴纳的增值税 + 消费税）× 2%

比如，阿志新开了一家小规模纳税公司，2022年第一季度的销售额（不含税）为50万元，其中未开票收入（不含税）为10万元，开具减按1%征收率征收的增值税普通发票（不含税）10万元，开具适用3%征收率的增值税专用发票（不含税）30万元，则该公司当期应纳增值税为200 000×1%+300 000×3%=11 000元，根据粤财税〔2022〕10号文件的规定，教育费附加、地方教育附加可减按50%征收，因此，教育费附加税为11 000×3%×50%=165元，地方教育附加税为11 000×2%×50%=110元。

再比如，强盛公司是一般纳税人，2022年8月购入了一批建材，价值120万元（不含税），销售产品收入140万元（不含税），则公司当月应交增值税为（140-120）×13%=2.6万元，城建税为26 000×7%=1 820元，教育费附加税为26 000×3%=780元，地方教育附加税为26 000×2%=520元。

地方教育附加是由地方政府掌管使用的专项基金，具体用途包括为各地方教育经费的投入提供补充、改善学校基础设施、购置教育设备以及提高教师待遇等。这些措施不仅有利于提升地方教育的质量和水平，更推动了地方教育事业的发展。

第三部分

老板要看懂财务报表

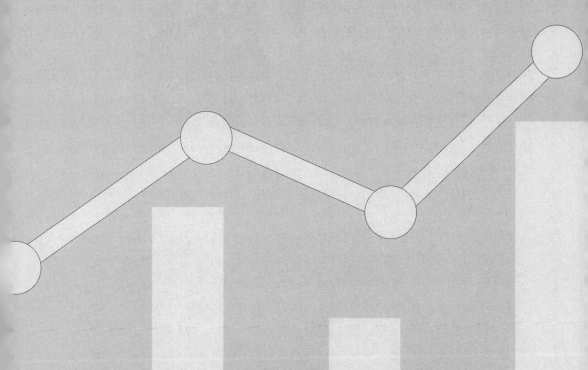

在企业管理中，尽管"术业有专攻"是普遍原则，但作为公司的掌舵人，阿志即使不直接参与财务细节管理，也需要掌握财务管理的基本常识，尤其是解读财务报表的能力。财务报表，被誉为"企业的经济晴雨表"，主要由资产负债表、利润表和现金流量表三大核心报表构成，它们分别反映了企业的财务状况（即"底子"）、经营成果（即"面子"）和现金流量（即"日子"）。

资产负债表，作为企业的静态快照，展示了某一特定时点上的资产、负债和所有者权益状况，直接体现了企业的经济实力和财务稳健性。利润表则描绘了企业在一定时期内的经营成果，是业绩的直观展示，但更重要的是它揭示了企业背后的盈利能力和经营效率。而现金流量表，则记录了企业资金的流入和流出情况，是企业持续运营和健康发展的生命线。

与个人财富的衡量类似，企业的财富也分为流量和存量。资产负债表作为存量的代表，展示了企业的"家底"和资产结构；而利润表和现金流量表则动态反映了企业在运营过程中的"面子"和"日子"，共同勾勒出了企业的盈利能力和现金流健康状况。

财务报表不仅提供了企业运营的数据信息，更是企业决策的重要依据。它们使阿志等决策者能够清晰了解客户欠款、主营收入等关键财务指标，通过量化分析和比较，实现与行业内其他企业的可比性，从而为企业定位和发展规划提供有力支持。在竞争激烈的市场环境中，财务报表的分析与评估显得尤为重要。它们为企业管理层提供了全面、深入的财务信息，助力企业精准判断市场趋势，制定高效决策，从而在复杂多变的市场中稳健前行，为企业的长远发展奠定坚实的财务基础。

第 8 章

资产负债表：反映公司当前的财务状况

资产负债表是企业财务状况的全面展示，其核心内容主要包括三大部分：资产、负债和所有者权益，它们之间的关系可以简单理解为：资产总额等于负债总额加上所有者权益总额。对于这个平衡关系，最简单的理解就是：你手里的 = 你欠别人的 + 最终归你所有的。

资产负债表的主要功能是揭示企业的财务结构是否合理、偿还债务的安全性和能力，以及股东对企业净资产的权益。因此，分析资产负债表的关键在于评估资产和负债的结构是否合理，以及资产的质量如何，这直接关系到企业资金的使用是否合理有效。资产负债表就像企业的体检表，定期出具，用于监测和检查企业的财务健康状况。

资产负债表被誉为企业的"家底表"和"晴雨表"，对于公司老板而言，掌握分析资产负债表的能力至关重要，这有助于判断公司的财务状况是否健康、家底是否殷实，一旦发现问题，便能及时进行管理。

8.1 流动资产：
中小企业的资产中哪些可以快速变现

打开资产负债表，首先注意到的就是流动资产类目。流动资产是指短期内能够变现的资产，通常期限在一年以内。

流动资产包括货币资金、短期投资、应收票据、应收账款和存货等，按照流动性强弱又分为速动资产和非速动资产。前者的变现时间很短，如货币资金、交易性金融资产和各种应收款项；后者的变现时间相对较长，但也不会超过一年，如存货、待摊费用、预付款、一年内到期的非流动资产以及其他流动资产。

在资产负债里，从上往下是根据资产变现的难易程度来排列的，越是靠前的资产，流动性越强，越容易变现。下面以强盛公司 2022 年 12 月的资产负债表（见附录—附表 1）为例进行分析。已知该公司当年营业收入是 5 339 170 元，我们来看看该公司的流动资产情况。

首先分析货币资金，与年初相比，强盛公司的货币资金有所减少。货币资金是企业流动性最强的资产，应与短期债务和经营需求相匹配。通常，货币资金占总资产的比例约为 25% 较为适宜。强盛公司的货币资金占总资产比例约为 41%，远高于长短期借款之和，表明公司现金流稳定，但闲置资金较多，可能导致总资产收益率不高。

接下来看应收票据和应收账款，这两项数据较年初均有所增加。企业在销售商品后，若货款未收，则形成应收账款，相当于为企业提供了一次短期无息贷款。强盛公司的应收账款和应收票据占营业收入的比例为 50%，而建筑公司通常的比例应在 30% ~ 48% 之间，说明公司 2022 年的营收质量有待提高，有一半的款项未能及时收回。

再来看预付账款，这是企业在购买商品或服务时预先支付的款项。预付账款与营业收入的比值可以反映企业对上游供应商的议价能力和在产业链中的地位。正常情况下，这个比值应保持稳定，且不会长期高于5%。强盛公司的预付账款与营业收入的比例为8%，且较年初有所增加，结合应收票据和应收账款的变化，可能说明公司在业务拓展和市场经营方面较为积极，但在资金管理和款项回收方面有所忽视。此外，项目建设中的质量问题、工期延误等也可能导致与甲方的结算纠纷，进而影响款项回收。

其他应收款通常指与主营业务无关的应收款项。从资产负债表中可以看出，强盛公司的其他应收款较年初有所减少，结合货币资金也同步减少的情况，可以推测这部分应收款可能是由银行存款产生的、暂未收到的利息。

最后是存货，这是企业重要的资产之一，流动性相对较弱。已售出的存货转化为营业收入记录在利润表中，而未售出的存货则记录在资产负债表中。通过存货结构分析可以判断产品的销售情况和生产周期。通常情况下，存货占营业收入的比例应保持稳定，以10%以内为最佳。强盛公司的存货全部为原材料（建材），占营业收入的比例约为8%，且较年初下降了1/3，说明公司的建材销售周期短，库存积压少。

从整体来看，流动资产的流动性代表了企业的变现能力和偿债能力。在资产负债表中，可以通过流动比率和流动资产周转率等指标来评估企业的资金使用效率。

流动比率＝流动资产总额÷流动负债总额

流动比率是衡量企业短期债务清偿能力和短期风险的重要指标。流动比率并非越高越好，因为过高的比率可能意味着流动资产占用过多，影响经营资金周转效率和获利能力；而过低的比率则表明偿债能力较差。通常认为比较合理的流动比率是2。强盛公司的流动资产远大于流动负债，表明公司短期偿债能力较强，流动比率约等于2，说明公司资产的流动性较为合理。

流动资产周转率 = 主营业务收入 ÷ 流动资产总额

流动资产周转率是反映流动资产周转速度和利用效果的指标。相同金额的资产回收次数越多，收益越丰富。因此，周转率高意味着企业盈利能力增强；反之则需要补充流动资产参与周转，造成资金浪费，降低企业盈利能力。强盛公司的流动资产周转率为0.8，而正常情况下这个数值应不低于2。这说明公司对流动资金的运用效率偏低，导致企业盈利水平下降，这与前面对货币资金的分析也是相符的。

老板财务笔记 🖋

> 流动资产是企业能够在一年内变现的资产，在企业生产经营中不断循环，始于货币形态又终于货币形态。通过财务指标对流动资产进行分析能够掌握企业经营状况，及时识别财务风险。企业拥有流动资产的数量和质量是衡量短期偿债能力的决定性因素。因此，企业应合理配置流动资产，提高资金使用效率，以增强企业的偿债能力和盈利能力。

8.2　非流动资产：
中小企业的资产中哪些难以在短期内变现

非流动资产是指不能在 1 年或者超过 1 年的一个营业周期内变现或者耗用的资产，包括固定资产、长期投资和无形资产三大类。其中固定资产指厂房和设备、土地和建筑物、交通工具以及其他与生产经营活动有关的设备、器具、工具等；长期投资指子公司和关联公司股权、长期债券投资以及长期股权投资；无形资产指特许权和许可权、研发成果以及商誉。

非流动资产与流动资产的核心区别在于其变现能力。流动资产通常具有较低的账面价值、资产风险和投资价值，而非流动资产则相反，其账面价值较高，同时也伴随着较高的资产风险和投资价值。

在资产负债表中，非流动资产主要包括持有至到期投资、长期应收款、投资性房地产、固定资产、在建工程、无形资产、长期待摊费用、其他非流动资产等科目。

8.2.1　持有至到期投资

持有至到期投资一般指债券。由于债券的收益率相对较低，很少有公司会把债券长期持有至到期，因此在资产负债表中，该科目金额一般为零或很小。

8.2.2　长期应收款

长期应收款是指企业在销售商品或提供服务后，预计在一年以上时间内收回的应收账款，通常与大额交易、大客户和长期合同相关。长期应收款代表企业的一部分未来现金流，但大量长期应收款可能导致企业流动性不足，并暴露信用风险。需注意的是，长期应收款与长期应收账款有所不同，后者与公司主营业务相关。在资产负债表上，除非公司单个商品价值很高，否则该科目金额通常较小。

8.2.3　投资性房地产

投资性房地产指企业为赚取租金或者资本增值而持有的房地产。除了以投资为主业的公司以外，该科目金额通常很小。

8.2.4　固定资产

固定资产占总资产比重高可能意味着企业流动资产少，资金链紧张，甚至面临破产风险。固定资产折旧会减少利润表中的账面利润，从而降低所得税，但折旧只是账面价值的减少，并不代表实际损失。例如，房地产折旧后账面价值降低，但实际价值可能升值。

8.2.5　在建工程

在建工程是指正在建设且尚未竣工投入使用的建设项目。由于需要持续投入资金，且工期长，因此可能成为企业的资金黑洞。资产负债表上的在建工程不一定都是实际资产。

8.2.6　无形资产

无形资产摊销类似于固定资产折旧。当无形资产使用寿命确定时，需进行摊销；若使用寿命不确定，则进行减值测试。一旦确定减值损失，不得转回。

8.2.7　长期待摊费用

长期待摊费用是指公司已支出且分摊期限超过 1 年的各项费用，如公司开办费用、固定资产改良费用等。该科目反映了公司的资产质量，数值越小越好。若金额较大，可能意味着公司将当期费用长期化，虚增了当期利润。

8.2.8　其他非流动资产

其他非流动资产包括除资产负债表上所列非流动资产项目以外的其他周转期超过 1 年的长期资产，如预付设备采购款、预付工程款等。该科目金额通常较小。

从强盛公司 2022 年 12 月的资产负债表中可以看出，公司的非流动资产构成非常干净，只有固定资产这一项。正常情况下，固定资产占总资产的比率应该在 5% ～ 20%。强盛公司的这个比率是 13%，说明公司对资金的营运能力合理，但还有提升的空间，因为固定资产比率越低，说明资产流动越快、企业的营运能力越强。

资产周转率 = 总营业额 ÷ 总资产值 × 100%

总资产值 = 流动资产总额 + 非流动资产总额

资产周转率是衡量公司资产运营效率的一项重要指标，反映了公司经营期间全部资产从投入到产出的流转速度。根据表中数据可以计算出，强盛公司的资产周转率为 0.7，正常情况下这个比值在 0.8 ～ 1 之间，结合前文对流动资产的分析，可以看出，在公司的资产结构中，非流动资产的管理比较合理，但流动资产中的闲置资金较多，拉低了总资产的运营效率，未来应该加强风险管理，合理规划资金使用，积极投资和购买理财产品，如协定存款、结构性存款等，尽可能地提高公司全部资产的管理质量及利用效率，使公司利益实现最大化。

老板财务笔记 🖋

　　非流动资产是指一年内不能变现的资产，包括固定资产、无形资产和长期投资。相对于流动资产，非流动资产具有账面价值高、资产风险高、投资价值高的特点。对于非金融企业来说，非流动资产应该着重关注固定资产、在建工程和无形资产，尤其是对于建筑行业来说，在建工程对现金流的影响是很大的。企业对非流动资产的营运能力可以用非流动资产周转率来反映，数值越高说明非流动资产的使用效率越高。

8.3 流动负债：
哪些债务是必须在一年内还清的

流动负债又称短期负债，是指在 1 年（含 1 年）或者超过 1 年的一个营业周期内需要偿还的债务，包括短期借款、应付账款、应付票据、应付工资、应付福利费、应交税费、应付股利、应付利息、预收账款、预提费用、其他应付款、其他应交税款等。

流动负债有两个特点，一是必须在 1 年内或超过 1 年的一个营业周期内履行偿还义务，二是指明要通过公司的流动资产或新的流动负债进行清偿。

流动负债产生的原因主要有四种：由借贷形成的流动负债，如从银行和其他金融机构借入的短期借款；由结算过程中产生的流动负债，如公司购入原材料，货已到而货款尚未支付的待结算应付款项；在经营过程中产生的流动负债，有些费用按权责发生制原则需要预先提取，如应交税费、应付职工薪酬等；由利润分配产生的流动负债，如应付投资者的利润等。

在资产负债表中，流动负债的排列顺序反映了债务压力的大小，越靠前的负债，其偿还压力越大。因此，在分析流动负债时，应重点关注短期借款、应付票据、应付账款、预收款项、应付职工薪酬、应交税费及其他应付款等主要科目。下面以强盛公司 2022 年 12 月的资产负债表（见附录一附表 1）为例分析流动负债科目。

8.3.1 流动负债

（1）应付账款。企业在购进货物或原料时，若货已收而钱未付，则产生应付账款。合理的应付账款占负债总额比例应控制在 30% ～ 50% 之间。应付账款相当于供应商向企业提供的一次免息贷款，对企业的经营周转有重要作用。若应付账款比例偏低，可能说明公司对资金的利用效率不高；若应付账款大幅增加，可能表明公司业务拓展较快，竞争力增强，且无偿占用供应商资金的能力提高。

（2）预收账款。企业在发送产品或货物前，若钱已收而货未发，则产生预收账款。预收账款是企业产品竞争力的体现，预收账款越多，表明企业未来的业绩越有保障。但过高的预收账款也可能引起税务预警。

（3）应付职工薪酬。该科目体现的是企业使用各种人力资源所付出的全部代价，以及产品成本中人工成本所占的比重。从附表 1 中可以看出，应付职工薪酬的期末余额较期初增加了一倍，这和应收账款的变化基本一致，说明公司为了拓展业务大量招兵买马，销售规模和市场规模都扩大了。

（4）应交税费。该科目指企业根据税法等规定计算应交纳的各种税费。税费与企业的生产经营息息相关，从强盛公司 2022 年 12 月的资产负债表中可以看出，该科目期末数比期初数增加了不少，排除税收政策变动的因素，说明公司业务规模扩大，营业收入增加了，这和应付账款、预收账款和应付薪酬的变化是基本一致的。

（5）其他应付款。该科目核算企业因资金需要而发生的拆借款项。其他应付款数额较大可能说明公司现金流出现短缺，但期末比期初有所下降则表明公司偿债能力增强。

上述所有科目加在一起，就是流动负债总额。流动负债通常有利率低、期限短、金额小和到期必须偿还等特点，一般适合企业流动经营过程中短期的、临时的资金需要。进行流动负债分析主要是通过流动比率和流动负债比来看企业的流动负债结构变动趋势是否合理，以及对企业的生产经营活动有什么影响。

8.3.2　流动比率

　　流动比率＝流动资产总额÷流动负债总额

　　一般说来，流动比率越高，债权人越有保证。但流动比率过高，就会使一部分资金滞留在流动资产形态上，影响企业的获利能力，通常认为比较合理的流动比率是2。从附表1中计算得出，强盛公司的流动比率约为2，这说明公司的短期偿债能力较强，风险较小。

8.3.3　流动负债比

　　流动负债比＝流动负债÷负债总额 ×100%

　　通常情况下，企业的流动负债比维持在30%～70%是一个比较安全的范围。通过附表1可以计算出强盛公司的流动负债比是65%，临近上限，这说明公司偿还债务的压力可能略大，但通过前面对资产周转率的分析，知道公司的资产流动性不错。因此，综合判断公司目前并不存在债务风险，但需要提高资金利用率，加快资金周转速度。

老板财务笔记

　　流动负债是指企业在1年内或超过1年的一个营业周期内需要偿还的债务，包括短期借款、应付账款、应付票据、预收账款、应付薪酬等。这些负债具有利率低、期限短、金额小和到期必须偿还等特点。在资产负债表中，越靠前的负债偿还压力越大。应付账款、预收账款等科目反映了企业能够无偿占用对方资金的能力，相当于无偿贷款经营。通过对流动比率和流动负债比的计算，可以分析企业的流动负债结构是否合理以及未来的变动趋势。

8.4 非流动负债：
哪些债务可以不着急还清

非流动负债通常是指偿还期在 1 年以上的各种负债。非流动负债包括长期借款、应付债券、长期应付款、预计负债等。

与流动负债相比，非流动负债的偿还期较长、金额较大，因此不会影响原有股东对企业的控制权，可以保持企业原有的股权结构和股价稳定。此外，非流动负债支付的利息还具有抵税功能，相当于增加了股东的收益。

非流动负债的本质是"借鸡生蛋"：鸡生的蛋归我，我把鸡连同借鸡的利息还给债主，我的鸡场规模扩大了，仍然只有我自己是老板。当然，万一遇上鸡瘟，债主也不承担责任，我一样得还借来的鸡和借鸡的利息。

8.4.1 非流动负债

从附表 1 中可以看出，公司的非流动负债构成也非常简单，仅有长期借款一项，且其期初期末未发生变化。长期借款，顾名思义就是把钱借回来，短时间内不用还，通常期限在 1 年以上。在实际中大多数企业的大部分借款都是长期借款。长期借款会提高企业的资产负债率，但并不是越少越好，因为企业需要适当地利用财务杠杆来加速发展，并且长期借款由于还款周期长，压力相对较小。从表中可以计算出，公司长期借款占总资产的比率为 23%，正常情况下这个数值是 30% 左右，这说明公司的业务规模扩大、经营效益提高；或者是采取了更加有效的债务管理措施，使公司的偿债能力增强了。

8.4.2 长期负债比

非流动负债又称长期负债，所有的长期负债科目加在一起，就是长期负债总额。长期负债和总资产的比值叫长期负债比，又称资本化比率，是从总体上判断企业债务状况的一个指标，反映了企业借入资金成本的高低和筹措非流动负债成本的水平。

长期负债比＝长期负债÷总资产额×100%

由于强盛公司的非流动负债只有长期借款，因此其长期负债比就等于长期借款比，为23%。而通常情况下，这个比值在20%以下比较合适。这说明公司在经营过程中借助外来资金的程度略高，长期偿债能力略低，相应的偿债压力也略大。

8.4.3 资产负债率

资产总额＝流动资产总额＋非流动资产总额

负债总额＝流动负债总额＋非流动负债总额

资产负债率＝负债总额÷资产总额×100%

资产负债率是衡量企业负债水平、资产与负债之间关系的重要财务指标。通过资产负债率分析，可以深入了解企业的财务状况、负债结构以及偿债能力。一般认为理想化的资产负债率是40%左右。上市公司略微偏高，但大多数不会超过50%。而建筑业由于行业特殊性，一般来说资产负债率在60%左右最佳。从表中可以计算出，强盛公司的资产负债率是67%，略高于行业平均水平。又通过计算得出，2022年总资产增长率为10%，总负债增长率为8%，资产增速大于负债增速；综合判断公司资产负债率略高很可能是公司借款来进行大规模扩建导致的，如更新设备、购置不动产等等。由于资产负债表显示公司的短期借款为0，长期借款没有变化，且其他应付款数额较大，推测很可能是老板自掏腰包垫付了经营资金。

负债越多不代表公司经营越差，比如强盛公司的应付账款和预收账款都很多，说明公司并不是没钱，反而是因为竞争力太强，经销商要先给公司打款，供货商要先给公司发货，这样公司就相当于是在拿别人的钱经营，而且不用支付利息。但如果债务构成主要是银行借款或长期负债，那公司的经营风险就非常大了。

此外，判断企业的资产负债率是否合理，还要看站在什么样的立场。

对于债权人来说，资产负债率反映债权人所提供的负债占全部资本的比例，也被称为举债经营比率，对他们来说，资产负债率越低越好。如果企业的资产负债率过高，债权人的钱有可能收不回来。当资产负债率大于100%时，表明公司已经资不抵债，对于债权人来说风险将非常大。

对于股东和投资者来说，如果投资收益率大于借款利息率，那么就不怕资产负债率高，因为负债率越高赚钱就越多；如果投资收益率比借款利息率还低，等于说投资人赚的钱会被更多的利息吃掉，在这种情况下资产负债率越低对投资人就越有利。

对于经营者来说，如果资产负债率过高，举债压力很大，一旦超出债权人的心理承受程度，企业就借不到钱。但如果资产负债率过低，举债很少或是不举债，说明企业对自身经营发展缺乏足够的信心，利用债权人资本的能力很差。

老板财务笔记

> 　　非流动负债是指偿还期限在1年以上的各种负债，也就是企业不着急还清的债务。非流动负债占总负债比例越大，说明企业在借助外来长期资金开展经营的程度越高。资产负债比反映的是企业的偿债能力和财务现状。资产负债率是用以衡量企业利用债权人提供资金进行经营活动的能力，以及反映债权人发放贷款的安全程度的指标。对于公司老板来说，在利用资产负债率制定借资决策时，必须充分预估未来的利润和风险，权衡利弊得失，做出正确决策。

8.5 所有者权益：
股东在初创企业中有哪些权益

所有者权益又称为股东权益，代表所有者对企业资产的剩余索取权，是资产扣除负债后剩下来的部分。所有者权益按形成来源的不同，可分为实收资本、资本公积和留存收益。在资产负债表中，所有者权益等于资产减去负债，也等于实收资本、资本公积、留存收益之和。

8.5.1 实收资本

实收资本是指股东实际投入企业的资金，它是企业实际收到的、用于构建企业法人财产权的资本。而注册资本则是企业向工商行政部门登记的资本总额，代表了企业预计投入的资本量。在股东全部实缴之后，注册资本等于实收资本。对于股份有限公司来说，实收资本也被称为股本。实收资本可以以货币、实物或无形资产的形式存在。

根据公司法规定，企业的实收资本应与注册资本相等。如果股东未履行出资义务，将承担违约责任。实收资本的变动会影响企业的股权结构，甚至可能改变股东对企业的控制权。

比如，阿志和老胡想合伙开一家品牌建材的线下体验店，阿志和老胡分别出资 100 万元，并约定股权分配为阿志持有 51%，老胡持有 49%。根据《公司法》规定，阿志对这家店拥有绝对控制权。假如后面店里生意火爆，两人想开连锁店但资金周转不开。为了解决资金难题，他们邀请大刘加入，大刘同意追加投资 300 万元。随着大刘的注资，三人需要重新分配股权。经过协商，新的股权结构调整为阿志持有 30%，老胡同样持有 30%，而大刘由于大额投资，持有剩余的 40% 股权。大刘成为这家店的最大股东，并相应地获得了店铺的实际控制权。

8.5.2　资本公积

如果股东投入资本超过注册资本，就会形成资本溢价或股本溢价，反映在资产负债表上就叫资本公积。资本公积是非收益转化而形成的，是一种利得或损失，但不计入当期损益，和实收资本、分配利润也没有关系，但是会导致所有者权益发生增减。比如，还是阿志和老胡合伙开 4S 店的例子，阿志和老胡各出资 100 万元，总资本是 100+100=200 万元。一年后大刘看店里生意火爆，想要加入，于是投入资本 300 万元，假设大刘占股 50%，那么此时实收资本变更为 400 万，资本公积就是 300-200=100 万元。

除了资本或股本溢价，有时企业接受政府捐赠也会形成资本公积，但相对来说比较少见。基本上只要不是公司经营所得赚的钱，都可以放进这个科目。

资本公积主要用于转增股本，即向股东转送股份，从而改变企业的投入资本结构。对于股份有限公司而言，它会增加投资者持有的股份，从而激活股价，提高股票的交易量和资本的流动性，但同时也会摊薄每股收益与每股净资产，影响下年度的利润分配。

8.5.3　留存收益

留存收益是企业从历年利润中提取或形成的、留存于企业内部的收益。它由盈余公积和未分配利润组成。

8.5.4　盈余公积

盈余公积是我国的一个特色科目，指企业按规定从税后净利润中提取的积累资金，包含法定盈余公积和任意盈余公积。根据《公司法》规定，公司有了盈利后，至少要留存母公司利润的 10% 作为法定盈余公积，累计达到注册资本的 50% 时可以不再提取；任意盈余公积是企业自行提取的。

盈余公积的用途是弥补亏损、扩大公司生产经营、转增资本和发放现金股利或利润等。盈余公积的数量越多，反映企业资本积累能力、亏损弥补能力和股利分配能力以及应对风险的能力越强。

8.5.5　未分配利润

未分配利润是指企业实现的净利润经过弥补亏损、提取盈余公积和向投资者分配利润后留存在企业的，各年累积的尚未分配给投资者的利润。由于未分配利润没有指定用途，因此其使用有较大的自主权，受法律限制也较小。

净利润必须严格按照国家规定的顺序来进行分配：①弥补亏损；②提取法定盈余公积；③提取任意盈余公积；④分配优先股股利；⑤分配普通股股利，最后剩下的部分就是未分配利润。

下面以阿志和老胡合伙开 4S 店为例，来看看所有者权益的各个部分到底是什么。

阿志和老胡合伙开 4S 店，两人各出资 100 万元，公司总股本为 200 万元，两人各占 50% 股份。经过多年的努力，店里生意红火。这时候大刘也想参与进来，想出资 100 万元也占 1/3 股份，但阿志和老胡肯定不会同意，毕竟是两人经营多年的心血，最后三人达成协议，大刘出资 500 万元，分得 1/3 的股份。大刘的 500 万元资金进来后，其中 100 万元进入股本，另外 400 万元属于资本溢价，进入资本公积。这时股本就变成了 300 万元。阿志、老胡、大刘三人各出资 100 万元，各占 1/3 股份，资本公积为 400 万元。这 400 万元虽然是大刘一个人出资的，但它属于阿志、老胡和大刘三个人，不可以拿来分红，只能用来转增股本。假设今年公司净利润是 100 万元，那么首先要提取 10% 的法定盈余公积金 10 万元，剩下的 90 万元进入未分配利润，全部分配给股东的话，阿志、老胡、大刘每人可以分 30 万元。

此外，所有者权益还包括母公司股东权益和少数股东权益，其中母公司股东权益就是通常所说的净资产。假设 A 公司收购了强盛公司 60% 的股权，那么阿志就只持有公司 40% 的股权，此时 A 公司对强盛公司拥有绝对控股权，年末需要制作合并财报，假设强盛公司年末净资产是 1 000 万元，那么在合并财报中，属于 A 公司的 600 万元就是净资产，属于阿志的 400 万元就是少数股东权益。

至此，可以总结出，所有者权益是属于股东的钱，一部分是股东实打实出具的资金，反映在资产负债表上就是实收资本和资本公积这两个科目；另一部分来源于之前的利润积累，反映在资产负债表上就是盈余公积和未分配利润这两个科目。

表 8-1 是强盛公司 2022 年 12 月资产负债表中的所有者权益。

表 8-1　强盛公司 2022 年 12 月资产负债表中的所有者权益

所有者权益（或股东权益）	行次	期末余额	年初余额
实收资本（或股本）	48	2 000 000.00	2 000 000.00
资本公积	49	—	—
盈余公积	50	99 998.26	31 484.06
未分配利润	51	454 765.20	197 123.16
所有者权益（或股东权益）合计	52	2 554 763.47	2 228 607.22
负债和所有者权益（或股东权益）	53	7 714 749.72	7 004 354.65

从表 8-1 中可以看出，公司年末的盈余公积和未分配利润较年初都大大增加了，这对公司来说无疑是巨大的利好，说明公司本年度的经营状况很好，有很强的盈利能力。由于未分配利润可以并入以后年度进行分配，所以这部分数额越多，说明公司当年和以后年度的积累能力、股份分派能力以及应对风险的能力就越强。

综合来看，在所有者权益中，留存收益越多，反映企业以后的积累能力、应对风险的能力越强。

老板财务笔记 ✎

> 所有者权益是资产减掉负债后剩下的部分，属于股东的钱。它一部分来自股东实际投入的资金（实收资本和资本公积），一部分来自企业历年的利润积累（盈余公积和未分配利润）。企业赚的钱在扣除税费和营业外收支后就是净利润，而净利润需要经过特定的分配顺序后才能用于给股东分红。留存收益越多，通常说明企业的经营状况越好，盈利能力越强。

第9章

利润表：反映公司的盈利状况

利润表，作为财务三大报表之一，是展示企业在特定会计期间内经营成果的重要工具。它既可能揭示企业的盈利状况，也可能暴露亏损情况，因此又被称为损益表。尽管利润表在结构上相对简单，但在分析时却需要细致入微，特别是要关注收入增长率、毛利率、费用占比等关键指标。对于投资者而言，将企业近五年的利润表数据进行对比分析是评估其长期稳定发展的重要手段。

如果说资产负债表是企业的"底子"，那么利润表无疑就是企业的"面子"。但值得注意的是，这个"面子"有时可能会被粉饰。由于利润表是基于权责发生制编制的，这意味着它承认了白条和折旧摊销的合法性。因此，利润表中的各项数据，包括费用，都可能包含已经支付但分摊到逐年记账的部分。这就可能导致利润表上的数据并不完全代表企业真实的收益情况。例如，强盛公司在销售建材或进行工程施工时允许客户打白条，那么即使利润表上的利润金额很高，实际上公司可能并未收到相应的现金，而是形成了大量的应收账款。这些应收账款的回收存在不确定性，一旦客户赖账，就可能成为坏账或死账。因此，要了解一个公司真实的利润情况，必须结合资产负债表和现金流量表进行综合分析。

9.1 主营业务利润：
通过主要业务赚到的钱应该怎么算利润

9.1.1 什么是主营业务利润

主营业务利润，顾名思义，是指企业通过其主要业务活动所获得的利润。它是利润总额和营业利润的重要组成部分，直接反映了企业核心业务的盈利能力。

主营业务利润的计算公式为：

主营业务利润＝主营业务收入－主营业务成本－税金及附加

其中，主营业务收入是指企业经常性、主要业务活动所产生的收入；主营业务成本则是指与这些业务活动直接相关的成本支出；税金及附加则包括了与企业经营活动相关的各项税费。

9.1.2 主营业务利润率

主营业务利润率是衡量企业主营业务盈利能力的关键指标。它表示企业每单位主营业务收入所能带来的主营业务利润，从而反映了主营业务的获利能力和业务结构的合理性。通过计算主营业务利润率，企业可以对比分析其主营项目的盈利状况，并评估整体经营效益。主营业务利润率的计算公式为：

主营业务利润率＝主营业务利润 ÷ 主营业务收入 ×100%

正常情况下，企业的主营业务利润应是其利润总额的最主要组成部分，其比重应远高于其他业务利润、投资收益和营业外收支。因此，投资者在分析企业利润表时，应特别关注主营业务利润及其利润率的变化情况，以判断企业的核心竞争力和盈利稳定性。

老板财务笔记

　　主营业务利润是企业通过核心业务赚取的利润，是利润总额和营业利润的重要组成部分。要准确评估企业的盈利能力和经营效益，必须深入分析主营业务利润及其利润率的变化情况。同时，由于利润表可能受到权责发生制等因素的影响，因此还需要结合资产负债表和现金流量表进行综合分析。

9.2 营业利润：
通过主业和副业共同赚到的钱应该怎么算利润

营业利润，通常称为销售利润，是企业利润的核心组成部分。它反映了企业通过主营业务和副业运营所赚取的盈利。

营业利润=主营业务收入-主营业务成本+其他业务收入-其他业务成本-营业费用-管理费用-财务费用-税金及附加-资产减值损失+公允价值变动收益-公允价值变动损失+投资收益-投资损失

主营业务收入-主营业务成本就是主营业务利润，这是公司通过主业赚的钱；其他业务收入-其他业务成本就是其他业务利润，这是公司通过副业赚的钱；主营业务利润+其他业务利润就是毛利润。

营业利润是衡量企业经营成果的重要指标，它帮助管理层了解企业运营活动的盈利状况，并为决策提供依据。接下来，我们查看强盛公司2022年12月的利润表（见附录—附表2），以分析该公司的营业收入增长率、毛利率、费用情况及营业利润率。

9.2.1 营业收入增长率

营业收入增长率是企业营业收入增长额与上年营业收入总额的比率，反映企业营业收入的增减变动情况。

已知强盛公司2021年的营业收入为4 497 762元，那么根据附表2数据可以计算出强盛公司的营业收入增长率是19%，高于行业平均水平15%，说明公司本年度的增速很快，公司市场前景很好。营业收入大幅增加说明公司业务规模大幅增加，经营状况和市场占有能力都提高了。

9.2.2　毛利率

毛利率 ＝（营业收入－营业成本）÷营业收入 ×100%

毛利率反映了企业运营过程中的成本高低。一般情况下，毛利率越高表明该企业的成本压力就越低。从附表 2 中可以计算出，强盛公司的毛利率约为 30%，而建筑公司平均毛利率在 20% ～ 40% 之间。

对于高毛利率的企业，其营业成本往往是不需要太过关注的，毕竟轻微下滑对企业影响并不大，其经营的战略重心往往不是控制成本；对于低毛利率的企业，营业成本往往需要企业格外重视。如果毛利率低于 3%，那么，企业稍微不注意就可能亏损了。因此，此时企业的经营策略和战略往往需要格外注重稳定毛利率，换句话说，企业的经营重心之一必定有控制成本，控制成本甚至是生死攸关的战略问题。

9.2.3　期间费用

费用问题是企业运营过程中需要格外重视的内容，期间费用主要包括销售费用、管理费用和财务费用。在分析费用时，一般不用太过关注每一类费用下面的明细，只需关注每一类费用的总金额及占比。

由附表 2 可知，强盛公司期末的销售费用、管理费用和财务费用占比分别为 39%、57% 和 4%，与期初相比，显示出公司内部管理的加强和经营效率的提升。期末三大期间费用占营业收入的比例为 16%，处于正常波动范围 15% ～ 30% 内。

老板财务笔记 🖊

> 营业利润是企业通过主营业务和副业共同赚取的利润。忽略资产减值损失、投资损益和公允价值变动后，营业利润基本等于毛利润减去期间费用。分析营业利润时，应重点关注营业收入增长率、毛利率和期间费用。通常，营业收入增长率和毛利率越高，企业的经营状况和盈利能力越强。

9.3　利润总额：
利润总额是税前利润还是税后利润

利润总额是企业在一定时期内通过生产经营活动所实现的最终财务成果，它代表税前利润，即扣除所得税费用前的净利润。

利润总额 ＝ 营业利润 ＋ 营业外收入 － 营业外支出

仍以强盛公司 2022 年 12 月的利润表为例。从附表 2 中可以看出公司 2022 年的利润总额是 721 202.15 元，其中营业外收入是 25 512.07 元，占营业收入的比例为 0.5%。营业外收入一般包括没收包装物押金收入、收回调入职工欠款、罚款净收入等。这部分收入一般不交增值税，占比应该控制在 20% 以内。

企业如果开展投资性业务或者处置资产，会产生投资收益，这也是构成利润总额的一部分。强盛公司的利润总额构成相对简单，就是营业利润和营业外收入，其中营业利润占比在 99% 以上，说明公司利润结构合理。

老板财务笔记 🖊

> 　　对于不产生投资收益的公司来说，利润总额就是营业利润减去营业外收支，也可以理解为扣除所得税费用前的净利润。一般营业外收入占营业收入的比例越低越好，上限为 20%。一般情况下，营业利润占利润总额比例越高，说明利润结构越合理。

9.4 净利润：
公司的税后利润该怎么计算

净利润，也被称为税后利润或净收入，是利润总额在扣除所得税费用后的剩余部分。其多少主要取决于两个因素：一是利润总额的大小，二是所得税率的高低。企业所得税率通常是法定的，所得税率越高，净利润就越少。

对于企业的投资者而言，净利润是获取投资回报的基础；而对于企业管理者来说，净利润则是进行经营管理决策的重要依据。那么，作为一项关键的经济指标，净利润是如何计算和评估的呢？

9.4.1 净利润的计算

通常情况下，净利润会直接列支在企业的利润表上，是在利润总额中按规定交纳了所得税后公司的利润留成。净利润的计算公式为：

净利润 = 利润总额 – 所得税费用

接下来，我们通过两个例子来具体说明如何计算净利润。

例一， 强盛公司在 2022 年 7 月的营业收入为 60 万元，其中营业成本 20 万元，支付员工薪资 6 万元，各种期间费用共 4 万元，所得税税率为 25%，公司利润总额为 60-20-6-4=30 万元，则当月所得税费用为30×25%=7.5 万元，净利润为 30-7.5=22.5 万元。

例二， 假设强盛公司在今年内实现营业收入 2000 万元，其中营业成本 1 200 万元，销售费用 200 万元，管理费用 120 万元，财务费用 30 万元，营业外收支为正 15 万元，所得税费用为 30 万元，则其今年的营业利润为 2 000-1 200-200-120-30-15=435 万元，由于营业外支出不能在企业所得税税前扣除，需要做纳税调增，则企业所得税计税金额为：435+15=450万元，企业所得税为450×25%=112.5万元，净利润为435-112.5=322.5万元。

9.4.2　净利润含金量

净利润并不是数量越大越好，在追求数量的同时，更要关注它的质量。净利润的质量表现为现金流量。净利润是基于权责发生制分期确认的，它依据费用与收入的配比和因果关系而形成。而现金流量则反映了企业现金的实际流入和流出。

在企业的整个存续期间，净收益和现金流量的总额是相同的，但在某个具体会计期间，两者可能并不完全相等。这种差异主要由以下四个方面造成：

①净资本性支出。资本性支出在付款时是一种现金流出，但以后以折旧形式在其估计的使用年限内冲销利润。因此，如果资本支出超过折旧，现金流量就会低于净收益。

②存货的周转。存货增加时，购入付款是一种现金流出，只有以后售出并取得净收益时才能冲销。因此，库存增加会导致现金流量低于净收益。

③应收、应付款的存在。应收账款和应付账款在开出发票时就以利润计算，但只有在现金结算时才会影响现金流量。因此，应收款增加会导致现金流量低于净收益，而应付款增加则相反。

④其他额外资金的流动。如企业获得额外资金或偿还借款等，这些都会影响现金流量，但对净收益无直接影响。

正是以上四个方面的相互制约，才形成了净收益和现金流量之间的差异。现金流量与净收益的差异可揭示净收益品质的好坏。这种差异的量化指标就是净利润含金量。

净利润的含金量 = 经营活动产生的现金流净额 ÷ 净利润

净利润的含金量表示公司每赚一块钱的净利润能收到多少现金。一般而言，如果净利润含金量长期大于1或在1附近波动，说明净收益的品质很好，企业的流动性和财务适应性也较强。

老板财务笔记

净利润不仅决定了老板可以获得的分红和下一步的经营管理决策，也是投资者做出投资决策的重要依据。净利润并非越多越好，其品质好坏更取决于含金量的大小。净利润含金量反映了净利润和现金流量在某个静态时段内的差异，这种差异越小，净利润含金量就越高。只有在现金流良好的情况下，净利润才是真正可用的资金。

第 10 章

现金流量表：现金从哪里来，到哪里去

现金流量表是财务报表的三个基本报告之一，所表述的是某个固定期间（通常是每月或每季度）内一家机构的现金（包含银行存款）的增减变动情况。

前面我们讲了资产负债表和利润表。通过资产负债表我们知道企业的钱来源有两种，一种是借来的，另一种是股东投入的。利润表则展示了企业自我盈利的能力。而现金流量表，类似于日常的流水账记录，它将这些资金流动进行了细致分类：企业通过"经营活动"和"投资活动"赚取的资金，以及通过"筹资活动"获得的借款与股东投资，再加上"汇率变动对现金及现金等价物的影响"，共同构成了反映企业现金收支全貌的"现金流量表"。

作为重要的财务分析工具，现金流量表主要揭示了资产负债表中各项目对现金流的具体影响，特别是企业的偿债能力，它决定了公司短期的生存能力，还提供了判断公司经营是否健康的证据。

10.1 经营活动产生的现金流量：
经营活动中的现金从哪里来，又流向何处

经营活动现金流量是指企业投资活动和筹资活动以外的所有的交易和事项产生的现金流量，是企业现金的主要来源。在现金流量表中，经营活动现金流入的项目主要包括销售商品、提供劳务收到的现金，收到的税费返还，收到的其他与经营活动有关的现金。经营活动现金流出的项目主要包括购买商品、接受劳务支付的现金，支付给职工以及为职工支付的现金，支付的各项税费，支付的其他与经营活动有关的现金。

列报经营活动现金流量的方法有两种：直接法和间接法。根据《企业会计准则》规定：

企业应当采用直接法编报现金流量表，并在附注中提供以净利润为基础调节经营活动现金流量的信息。同时，企业应采用间接法编写现金流量表的补充资料，以对现金流量表中采用直接法反映的经营活动现金流量进行核对和补充说明。

经营活动现金流量的计算方法为：

经营活动产生的现金流量净额＝经营活动现金流入金额－经营活动现金流出金额

＝现金及现金等价物的净增加额－筹资活动产生的现金流量净额－投资活动产生的现金流量净额

其中，后一种计算方法适用于现金流入和流出比较难确定的情况。

在利润表上，经营活动产生的现金流量净额可能呈现正数、负数或零三种状态。通常，正数表明企业经营活动现金流状况良好，能够满足资金周转需求；零则意味着现金流入与流出相抵，若此时账面有净利润，可能存在虚假成分，且企业面临潜在风险；负数则表明现金流入不足以覆盖流出，若持续发生，将严重影响企业的现金流安全与经营稳定性。

要全面评估企业的现金支付能力，除关注经营活动现金流量外，还需将其与净利润进行比较。若现金流净额大于净利润，说明企业利润转化为现金的能力强，且可能因预收款等增加了现金流；若小于净利润，则可能存在大量赊销，收款风险较大。

此外，企业经营活动还需考虑固定资产折旧与无形资产摊销等非现金成本。经营活动产生的现金流量应足以补偿这些非现金成本，以保障企业未来固定资产投资的资金需求。若现金流净额大于折旧，说明企业资金充裕，有能力进行设备更新；若等于折旧，则资金仅够维持日常运营与设备更换，暂无风险但也缺乏发展潜力；若小于折旧，则企业资金紧张，如果长时间得不到改善，迟早有一天资金会被折旧耗完。

老板财务笔记 🖊

　　经营活动产生的现金流量包括购销商品、提供和接受劳务、经营性租赁、交纳税款、支付劳动报酬、支付经营费用等形成的现金流入和流出。经营活动是公司经济活动的主体，且具有再生性的特点，比如收回以前年度销货款，预收以后年度销货款等情形。由于商业信用的大量存在，营业收入与现金流入可能存在较大差异，能否真正实现收益，还取决于公司的收现能力，因此，了解经营活动产生的现金流量，有助于分析公司的收现能力，从而全面评价其经济活动成效。

10.2 投资活动产生的现金流量：
投资活动中的现金从哪里来，又流向何处

投资活动产生的现金流量，主要关注企业投资活动中的现金来源与去向。这一类别反映了企业通过各类投资活动所引发的现金流动情况。它的来源包括：企业对长期资产的投资收益和企业处置资产所得。在现金流量表上，投资活动产生的现金流量主要包括以下几个科目：

（1）"收回投资收到的现金"指企业出售股票和债券等金融资产所获得的钱。

（2）"取得投资收益收到的现金"是补充上一科目中不包含的利息，如投资获得的股利或者利息。

（3）"处置固定资产、无形资产和其他长期资产收回的现金净额"就是企业处置长期资产所获得的现金，包括保险赔偿等，但需警惕过高的情况。

（4）"购建固定资产、无形资产和其他长期资产支付的现金"就是企业购买资产花出去的钱，但不包括利息和分期付款（首付除外，其余计入筹资活动现金流）。

（5）"投资支付的现金"就是企业购买股票、债券等金融资产所支付的现金。

（6）"取得子公司及其他营业单位支付的现金净额"就是收购其他公司或业务所支付的现金，减去被收购方持有的现金。

（7）"支付其他与投资活动有关的现金"是捐赠或融资租赁租金，金额通常不大。

企业无论大小，都会进行一定的投资活动。投资活动的成效，需通过投资回报来评估，如新建生产线、购置设备后的产能提升、销售业绩增长

及营收和利润的增加等。若投资带来了积极的回报，说明投资是有效的；否则，可能表明企业经营存在问题或存在财务造假。

投资活动产生的现金流量的正负，是评估投资效果的重要指标。当现金流小于或等于零时，需结合企业的发展阶段、战略和方向来判断其合理性。若企业对外投资较少或投资收益尚未收回，则现金流小于或等于零属正常现象。而当现金流大于零时，可能意味着投资回收的资金超过了投资支出，或企业因经营不善而被迫处置资产。

若投资活动产生的现金净流入量大幅增加，可能表明企业正在大量回收对外投资，以应对内部经营活动的资金需求。此时，应关注经营活动产生的现金流是否正常。相反，若现金净流出量大幅增加，可能说明企业经营活动未充分利用自有资金，而将大量资金用于对外投资以寻求获利机会。这种情况若长期持续，可能会损害企业的核心价值。

老板财务笔记

任何企业都会进行对内或对外的投资活动，这些活动所带来的现金流量变化反映在现金流量表上。当投资活动产生的现金流量为负数时，不一定表示投资失败，可能是投资收益尚未实现；而当其为正数时，也不一定表示投资成功，可能是企业因经营不善而被迫处置资产。因此，在分析投资活动产生的现金流量时，应结合其他财务数据进行综合分析，以更准确地评估企业的经营状况。

10.3 筹资活动产生的现金流量：筹资活动中的现金从哪里来，又流向何处

筹资活动产生的现金流量，揭示了企业通过融资活动所带来的现金流动情况，它的来源有两种：一是股东投的钱；二是向外部借的钱，这些活动会直接影响企业的资本和债务结构。

在现金流量表上，筹资活动产生的现金流量包括以下科目。

（1）"吸收投资收到的现金"就是投资人给的钱，包括发行股票和发行债券。

（2）"取得借款收到的现金"就是通过长短期借款借到手的钱。

（3）"收到其他与筹资活动有关的现金"一般指现金捐赠。

（4）"偿还债务支付的现金"就是企业用现金偿还的债务本金，但不包括利息。

（5）"分配股利、利润或偿付利息支付的现金"就是用现金偿还债务产生的利息，和上一个科目对应，同时还包括给股东分红的支出。

（6）"支付其他与筹资活动有关的现金"类似于资产负债表上的其他应付款账户，比如捐赠、租金之类。

当筹资活动产生的净流量为负时，可能意味着企业正在利用经营活动或投资活动产生的现金偿还债务，或是因投资、经营失误而需要变卖资产偿债。相反，当净流量为正时，表明企业从外部吸收了资金，可能是为了扩大规模或满足其他资金需求。

筹资活动现金流量的变化并非固定不变。若流入量增加且流出量相对稳定，可能表明企业正寻求扩张或面临资金短缺；若流出量增加而流入量不变，则可能意味着企业正在经历亏损，需要变卖资产偿债，并可能已暂停筹资活动。

　　筹资活动相对于经营活动和投资活动而言较为直接，但负债并非总是坏事。低利息负债表明企业信用良好，资金使用成本低，这是积极的。然而，高利息负债可能意味着企业资金紧张且筹资困难，这会降低企业的价值。

　　总体而言，现金流量表中的筹资活动虽不如经营活动和投资活动复杂，但三者需结合分析才能准确判断企业的真实状况。例如，通过对比三类现金流量的净额，可以判断企业所处的发展阶段和投资价值。

　　当经营活动现金净流量为负数，投资活动现金净流量为负数，筹资活动现金净流量为正数时，表明该企业处于产品初创期。在这个阶段企业需要投入大量资金，形成生产能力，开拓市场，其资金来源只有举债、融资等筹资活动。

　　当经营活动现金净流量为正数，投资活动现金净流量为负数，筹资活动现金净流量为正数时，可以判断企业处于高速发展期。这时产品迅速占领市场，销售呈现快速上升趋势，表现为经营活动中大量货币资金回笼。同时为了扩大市场份额，企业仍需要大量追加投资，而仅靠经营活动现金流量净额可能无法满足所需投资，必须筹集必要的外部资金作为补充。

　　当经营活动现金净流量为正数，投资活动现金净流量为正数，筹资活动现金净流量为负数时，表明企业进入产品成熟期。在这个阶段产品销售市场稳定，已进入投资回收期，但很多外部资金需要偿还，以保持企业良好的资信程度。

　　当经营活动现金净流量为负数，投资活动现金净流量为正数，筹资活动现金净流量为负数时，可以认为企业处于衰退期。这个时期的特征是：市场萎缩，产品销售的市场占有率下降，经营活动现金流入小于流出，同时企业为了应对债务不得不大规模收回投资以弥补现金的不足。

　　比如，表 10-1 中 A 公司和 B 公司 2022 年度的现金及现金等价物净增加额相等，但是它们的经营活动、投资活动、筹资活动所产生的现金流量净额却不同，阿志正在考虑投资其中一家公司，他该选择哪一家呢？

表 10-1　两家公司的现金流量表数据对比

	A 公司	B 公司
经营活动产生的现金流量净额 / 万元	4 000	-1 000
投资活动产生的现金流量净额 / 万元	-4 000	4 000
筹资活动产生的现金流量净额 / 万元	1 000	-2 000
现金及现金等价物净增加额 / 万元	1 000	1 000

首先看 A 公司。它的经营活动现金净流量为 4 000 万元，投资活动现金净流量为 -4 000 万元，筹资活动现金净流量为 1 000 万元，可见 A 公司正处在扩张阶段，将经营活动和筹资活动获取的现金大量投入到了投资活动中，如果 A 公司的投资项目前景良好，将给投资人带来巨大的收益。当然，如果投资项目失败，投资人也要承担相应的风险。

再来看 B 公司。它的当年经营活动现金净流量为 -1 000 万元，投资活动现金净流量为 4 000 万元，筹资活动现金净流量为 -2 000 万元，看起来正面临着经营亏损和偿还债务的双重压力，全靠投资活动的收益来维持日常运营，如果此时的投资活动现金流是靠处置资产而来，那就意味着该公司后续的经营会出现困难，当再无资产可卖时，公司的资金链也就断了。

因此，从投资者的角度来看，如果只看现金流量的情况，A 公司是可以投资的，只是需要注意项目投资的风险，而 B 公司存在较大风险，不宜轻易投资。

老板财务笔记 🖊

> 筹资活动产生的现金流量是企业融资活动的直接体现。负债虽非总是坏事，但需结合经营活动和投资活动的现金流量进行综合分析，才能准确判断企业的财务状况、发展阶段和投资价值。

第 11 章

财务报表分析：从表面数字看透企业真实情况

财务报表不仅体现公司的面子，更反映公司的里子和底子，是公司的命脉所在。作为企业老板，特别是初创公司的老板，对于财务要点和关键数据的理解能力是掌控公司财务情况的关键。而要掌握财务情况，说到底不仅要能看懂财务报表，更要能通过数据分析及评估公司的现状，进而做出正确的经营决策。

11.1 盈利能力分析：
通过分析营业状况评估公司的盈利能力

随着一年的辛勤工作结束，阿志收到了 2023 年的财务报表。这份报表凝聚了他和团队一年的努力。虽然阿志通过学习已能大致理解报表中每个数字的含义，但仍有些模糊之处。

于是，他拨通了公司会计的电话。在会计的详细解释下，特别关注公司盈利能力的阿志，从财务报表中提取了关键数据进行分析，并最终理解了公司的营业状况和盈利能力。强盛公司 2022 年 12 月的资产负债表和利润表见附表 1 和附表 2。

阿志从公司会计那里了解到，要深入分析公司的盈利能力，需关注销售净利率、资产净利率、权益净利率、营业利润率和成本费用利润率这五个关键指标。

11.1.1 销售净利率

销售净利率也就是净利润在销售收入中所占的百分比，公式为：

销售净利率 =（净利润 ÷ 销售收入）× 100%

按照财务报表中的数据，净利润为 685 142.04 元，销售收入为 5 339 170 元，计算如下：

销售净利率 =（685 142.04 ÷ 5 339 170）× 100%=12.83%

由计算公式分析得知，要想提升销售净利率，可以从四个方向着手：增加销量、提升价格、降低成本、降低费用。其中，增加销量和提升价格的目的是将销售收入提升上去，降低成本和降低费用的目的是将利润率扩大。提升销售净利率很大程度与公司管理水平有直接关联，管理水平高的公司，销售净利率肯定会高一些。

从计算过程可以看出，提升销售净利率不仅需要从公司整体层面进行优化，还需要加强销售部门的管理。这包括培养销售人员的销售能力，因为销售人员能力的提升将直接促进销量和销售价格的增长。

一般来说，销售净利率越高，意味着公司销售部门的盈利能力越强。如果公司能够保持销售净利率持续增长，这通常表明其销售部门管理得非常出色。

当然，也有例外的情况，例如，当公司在各大搜索引擎、分类网站和视频媒体进行大额广告投放时，销售数据可能会显著提升，从而导致销售净利率暂时升高。但如果突然停止广告投放，由于之前广告投放引来的未成交精准客户仍可能继续成交，销售数据在一段时间内仍会保持可观。此时，由于没有了广告费用的支出，销售净利率可能会比广告投放期间更高。但这种高销售净利率的状态可能只是暂时的，随着精准用户流量池的减少，销售收入会逐渐下降，销售净利率也会逐渐恢复到之前未投放广告的水平。

11.1.2　资产净利率

资产净利率也就是净利润在公司总资产中所占的百分比，公式为：

资产净利率＝（净利润 ÷ 平均资产总额）×100%

按照附录财务报表中数据，净利润为 685 142.04 元，平均资产总额＝（年初资产总额＋年末资产总额）÷2=（7 004 354.65+7 714 749.72）÷2=7 359 552.19 元。

资产净利率＝（685 142.04÷7 359 552.19）×100%=9.31%

从这一公式我们可以看出，要想提高资产净利率，关键在于提升净利润。而提升净利润的方式无非就是增加收入，减少支出。增加收入主要依赖于销售部门的有效管理，通过优化销售策略和提高销售效率来实现最大产出。减少支出则涉及成本和费用的控制。在成本控制方面，应加强生产部门的管理，节约材料并提高工人产出。在费用控制方面，应重点关注销售费用、管理费用和财务费用的压缩。特别是管理费用，它主要包括管理人员薪酬及管理过程中的开支，是压缩费用的重点。

然而，在管理费用中，高管人员的薪酬往往占据较大比例。目前，高管薪酬与业绩之间并不总是成正比，这是企业普遍面临的挑战。为了吸引优秀高管，一些企业可能制定过高的薪酬标准，导致成本与收入不匹配，进而降低净利润和资产净利率。

因此，正确的做法应该是参考同行业同水平公司同岗位的薪酬标准，并结合公司的战略目标，制定出一套既合理又具激励性的薪酬制度。这样既能确保高管通过努力工作获得应得的报酬，又能促使他们为公司创造更好的收益，从而实现资产净利率的提升。

11.1.3 权益净利率

权益净利率也就是净利润在净资产中所占的百分比，公式为：

权益净利率＝（净利润÷净资产）×100%

按照财务报表中的数据，净利润为 685 142.04 元，净资产在资产负债表中也叫所有者权益合计，也就是 2 554 763.47 元：

权益净利率＝（685 142.04÷2 554 763.47）×100%=26.82%

这个指标反映了净资产产生净利润的能力。从另一个角度来看，它也表示了净资产能够带来的净利润水平。如果能够更高效地利用净资产，理论上会带来更高的利润。这里，总资产周转率的提升对于提高权益净利率具有重要影响。为了提升公司总资产周转率，我们可以从以下三个方面入手：

（1）提升存货的周转率。比如服装生产行业，同样采购一批布料，同行一般是一个月生产完，两个月销售完；如果咱们公司能够通过管理制度用半个月生产完，一个月销售完，那公司的存货周转率是不是比同行提升了一倍？这意味着，在同样的时间内，公司可以完成更多的生产和销售循环，从而赚取更多的利润。

（2）缩短资金周转账期。还是以服装生产公司为例，卖出同样一批服装，同行需要一个月才能回款，而咱们公司只需要半个月就能回款，这样咱们公司的账期是不是就缩短了一半。

（3）提升资金周转率。理解了前面两个数据，这个就很好懂了。假设同行的 100 万元资金在整个采购、生产、销售和回款循环中需要四个月，一年只能流转三次；而咱们公司的整个循环只需要两个月，一年就能流转六次。这将使公司的资金利用效率大大提高，从而有助于提升权益净利率。

11.1.4　营业利润率

营业利润率就是营业利润在营业收入中所占的百分比，公式为：

营业利润率＝营业利润 ÷ 营业收入 ×100%

按照财务报表中的数据，营业利润为 695 690.08 元，营业收入为5 339 170 元，计算如下：

营业利润率＝（695 690.08÷5 339 170）×100%=13.03%

营业利润率排除了营业外收支及企业所得税的影响，直接反映了公司核心业务活动的盈利水平，这也是日常商业交流中常被提及的"利润率"。对于企业管理者和投资者而言，这一数据具有极高的参考价值。

我们常说，商业行为的本质就是追求利润，没有利润的商业行为是没办法持续的。有了利润，公司才能正常运转，才有更多的资金投入到公司的经营中，公司也才能继续发展壮大。

公司要提升营业利润率，就是要用最少的花费换来更高的收入。具体有哪些方法呢？

方法一：优化资源配置，减少浪费

公司应建立健全的人事管理制度，激发员工潜能，提高工作效率；同时，加强材料管理，制定严格的领用和保管制度，确保物尽其用，减少浪费。

方法二：增加产品附加值

通过提供个性化定制、打造品牌效应、赋予产品文化内涵等方式提升产品的附加值，使产品在市场中脱颖而出，避免陷入价格战。

方法三：持续进行产品创新与迭代

紧跟市场变化，不断进行产品创新与迭代，确保产品始终符合消费者需求。以苹果公司为例，其每年推出新款手机，融入最新技术，保持产品竞争力。

方法四：精简采购及销售渠道

优化采购与销售渠道，减少中间环节，降低成本，提高利润。当前，许多企业已转向线上平台进行采购与销售，以减少中间商分利，提升营业利润率。

11.1.5 成本费用利润率

成本费用利润率就是利润总额在成本费用总额中所占的百分比，公式为：

成本费用利润率 =（利润总额 ÷ 成本费用总额）× 100%

按照附录财务报表中的数据，利润总额为 721 202.15 元，成本费用总

额＝营业成本＋销售费用＋管理费用＋财务费用

＝3 751 025.50+340 142.11+499 390.05+38 441.91=4 628 999.57 元，计算如下：

成本费用利润率＝（利润总额÷成本费用总额）×100%＝（721 202.15÷4 628 999.57）=15.58%

要想提高成本费用利润率，关键还是降本增效，即提升公司的营业利润、降低产品的生产成本、降低各项费用的支出。一般情况下，老板都会重视降低产品的生产成本，却忽视了对各项费用支出的控制，这样可能导致公司制度的制定疏漏，并最终影响成本费用利润率的提升。

通过对销售净利率、资产净利率、权益净利率、营业利润率、成本费用利润率这五个数据的分析，阿志也查询到它们的合理范围，并作了对比，如表 11-1 所示。

表 11-1　五个数据的实际值与合理范围的对比

数据名称	实际值	合理范围
销售净利率	12.83%	6%—15%
资产净利率	9.31%	5%—10%
权益净利率	26.82%	—
营业利润率	13.30%	15% 以上
成本费用利润率	15.58%	30% 以下

从表 11-1 可以看出，各项数据基本在合理范围内，但营业利润率略低，表明营业利润在收入占比中还有提升空间。因此，在后续经营中，公司应加大管理力度，进一步控制成本费用支出，以增加营业利润。

权益净利率没有固定的合理范围，不同地区不同行业都不一样，一般与以前年度进行对比，以评估企业的盈利能力和进步情况。

老板财务笔记

财务指标分析对于公司的未来经营决策至关重要。决策者需要确保数据的及时性和准确性，因为缺乏精确数据的决策将如同无源之水，可能误导公司的运营方向。然而，决策也不能完全依赖于数据，还需结合公司所处的区位环境、市场环境进行整体布局，以促进公司的持续发展。

公司的盈利能力分析是评估公司获取利润的总体能力，包括分析公司的收入来源、利润构成以及老板的最终收益。掌握这些数据分析能力，有助于老板更好地提升公司的盈利能力。

11.2　经营效率分析：
如何通过货款周转情况看公司的经营效率

经营效率分析就是看公司的资产赚取利润的速度快不快，公司资产周转越快，赚取利润的效率就会越高，意味着公司经营效率就越高。

公司的经营效率分析有六个数据：应收账款周转率、存货周转率、流动资产周转率、净营运资本周转率、非流动资产周转率、总资产周转率。公司的经营效率分析主要涉及这六个关键指标。

11.2.1　应收账款周转率

应收账款周转率反映了公司应收账款的回收效率，即应收账款转换为流动资金的能力。公式为：

应收账款周转率 = 营业收入 ÷ 应收账款平均余额

= 营业收入 ÷[（期初应收账款余额 + 期末应收账款余额）÷2]

提高应收账款周转率的关键在于降低应收账款平均余额，即加快收款速度，将应收账款迅速转化为流动资金。为此，公司应加强应收账款管理，对赊销客户进行分析，特别关注长期拖欠且金额较大的客户，及时了解其持续经营能力，以防形成坏账。同时，公司还需建立应收账款控制制度，设立客户信用档案，并根据客户信用情况制定相应的信用政策。此外，还需积极做好应收账款催收工作，尽管这可能对客户关系产生一定影响，但为确保公司资金安全，必须采取必要的催收措施。

11.2.2　存货周转率

存货周转率用于分析存货周转的效率，即存货流动的速度。存货周转越快，对公司经营越有利。

存货周转率有两种计算方式：一种是以收入为基础，用于分析存货的获利能力，公式为：

存货周转率 = 营业收入 ÷ 存货平均余额

按照附表 1 和附表 2 中数据，营业收入为 5 339 170 元，期初存货余额为 650 000 元，期末存货余额为 430 000 元，计算如下：

存货周转率 = 营业收入 ÷ 存货平均余额

= 营业收入 ÷[（期初存货余额 + 期末存货余额）÷2]

=5 339 170÷[（650 000+430 000）÷2]=9.89

另外一种是以成本为基础的存货周转率，用于分析存货流动性，公式为：

存货周转率 = 营业成本 ÷ 存货平均余额

按照附表 1 和附表 2 中数据，营业成本为 3 751 025.50 元，期初存货余额为 650 000 元，期末存货余额为 430 000 元，计算如下：

存货周转率 = 营业成本 ÷ 存货平均余额

= 营业成本 ÷[（期初存货余额 + 期末存货余额）÷2]

=3 751 025.50÷[（650 000+430 000）÷2]=6.95

存货周转越快，用于存货上的资金流动性越强，提升存货周转率，也就意味着公司的变现能力变强，获利能力提高。因此，许多公司采取低库存甚至零库存的经营方式，以提高存货周转率，降低资金占用成本，增强偿债能力，从而更容易获得金融机构的青睐和融资支持。

11.2.3 流动资产周转率

流动资产周转率也叫流动资产周转次数，反映了流动资产创造收入的能力。公式为：

流动资产周转率＝营业收入净额÷平均流动资产总额

　　　　　　　＝营业收入净额÷[（期初流动资产余额＋期末流动资产余额）÷2]

流动资产即流动性高的资产，流动性越高，说明流动资产的质量越好。流动资产周转率也会影响总资产运用效率。从强盛公司2022年12月的资产负债表中我们可以看到，影响流动资产周转率的因素主要在货币资金的持有量，货币资金金额为3 143 615.64元，占整个流动资产合计金额6 734 551.04的46.68%。

货币资金持有量既要满足日常开支，比如支付工资、支付成本、支付费用及支付税金等，又不能太高于日常所需。持有货币资金金额过高，会使货币资金持有成本变得很高，不利于公司的发展。

为提高流动资产周转率，公司应降低流动资产使用成本，充分高效地使用流动资产，并利用闲置流动资产进行短期投资以创造更高利润。同时，积极增加销售额，提高营业收入净额也是提高流动资产周转率的有效途径。

11.2.4 净营运资本周转率

净营运资本周转率一般用于衡量公司的营运效率以及判断公司的短期偿债能力。公式为：

净营运资本周转率＝主营业务收入净额÷平均净营运资本

　　　　　　　＝主营业务收入÷（平均流动资产－平均流动负债）

平均流动资产 =（期初流动资产 + 期末流动资产）÷2

平均流动负债 =（期初流动负债 + 期末流动负债）÷2

净营运资本周转率无法用统一标准衡量，需与往期数据或同行业其他企业数据进行对比。若与往期对比数据偏低，表明净营运资本创造价值率不高，销售能力未充分挖掘，需加强销售能力建设。若数据偏高，则可能意味着资本利用率不高，资金能力不足，存在资金链断裂风险。

分析净营运资本周转率时，应将其置于市场环境中进行考量，避免单一地看待数据好坏。影响净营运资本周转率的因素众多且复杂，因此不能仅凭此数据做出公司决策。应具体问题具体分析，综合考虑多种因素。

11.2.5　非流动资产周转率

非流动资产周转率反映的是非流动资产周转次数，是衡量公司资产利用率的一个重要数据。公式为：

非流动资产周转率 = 主营业务收入净额 ÷ 平均非流动资产总额

= 主营业务收入 ÷[（非流动资产期初数 + 非流动资产期末数）÷2]

非流动资产周转率越高越好，说明非流动资产转动得快，给公司带来的收益也会越高。反之，如果周转率低，就需要投入更多的资金去采购非流动资产，这就会占用不必要的资金，导致公司盈利能力降低。

非流动资产周转率没有统一的标准去衡量，跟净营运资本周转率是一样的，都是要跟本公司往期进行对比，或者跟其他同行业公司去对比。

非流动资产周转率主要针对的是投资预算以及项目管理，用于判断公司的投资与其制定的战略定位等是否一致，相当于要用这一数据来衡量非流动资产的投资是否合理及健康，如果不合理，就要及时剥离出来，以免影响公司的发展。

11.2.6　总资产周转率

总资产周转率一般用于考察公司总体资产运营效率。公式为：

总资产周转率＝主营业务收入净额 ÷ 平均资产总额

　　　　　　＝主营业务收入 ÷[（资产合计期初数＋资产合计期末数）÷2]

总资产周转率越高，说明公司的资产转动次数越高，利用率越高，资产相对节约，资金投入也就越少，公司的盈利能力也就越强；总资产周转率越低，说明利用率越低，资金投入也就越大，浪费了公司的资金，盈利能力自然也就越弱。

通过上面的计算我们就可以看出，要想提高总资产周转率就要提高销售收入，加强销售部门的管理，增加销售额的同时，也要降低总资产的投入，让资产在销售收入不变的情况下发挥更大的效用。

阿志将经营效率分析用到的六个数据做成表格，如表 11-2 所示。

表 11-2　六个数据的实际值与合理数值的对比

数据名称	测算数据	合理数值
应收账款周转率	2.47	3
存货周转率	6.95	3
流动资产周转率	0.82	2
净营运资本周转率	1.58	无标准
非流动资产周转率	6.54	无标准
总资产周转率	0.73	0.8

从表 11-2 中我们可以看出，以上数据与合理数值还有差距。其中，最大的问题在于流动资产周转率太低，即货币资金占比太大，说明货币资金的运用率太低。

后期经营中，阿志要管理好销售部门，增加销售额，扩大营业收入。同时，针对货币资金账面余额过高的问题，应提高使用效率，将货币资金用于短期投资或者扩大经营规模。

资产周转率可以分为总资产周转率、分类资产周转率、单项资产周转率三个大的类别，其中，分类资产周转率分为流动资产周转率和非流动资产周转率，单项资产周转率分为应收账款周转率和存货周转率等。

我们在分析报表的时候，不同立场的人看数据的角度不一样。金融机构等债权人会关注公司是否能及时偿还债务本金及利息，通过对报表数据的分析，金融机构等能决定是否贷款给公司及贷款额度；经营者关心公司的整体业绩，看资产的运用效率，看资产是否能够给公司带来足够的利润，不能带来足够利润的资产就需要剥离，以免影响经营业绩；投资人则会关心企业资产创造的利润和财务安全性，以决策是否需要追加更多的资产投资金额。

老板财务笔记

> 　　经营效率也就是公司赚钱速度，公司利用现有的各种资产赚钱的能力，把公司各项资产全部盘活，让资产生钱的速度越快，说明其经营效率越高。
>
> 　　非流动资产周转率是投资以及战略方向制定的矫正器，需不需要加大投资，公司战略应该怎样制定，都是利用这一数据来制定政策的；总资产周转率是公司整体资产的运营能力指标，整体资产利用率高不高就从这个数据来看了，如果总资产周转率高于其他同行业公司，意味着公司的整体资产都被合理利用了，从整体角度来说，公司的各部门管理是到位的，公司的整体赚钱效率也是相当可以的。

11.3　偿债能力分析：
如何从现金流上评估公司的偿债能力

偿债能力是指企业用其资产偿还长期债务与短期债务的能力。简单地说，就是借了钱能不能还、多久能还、能还多少。

偿债能力能够反映企业的财务状况和经营能力，判断企业偿债能力的指标有流动比率、速动比率、资产负债率、股东权益比率等。但是，这些资产负债表中的指标都是静态的，它们反映的是企业某个特定时期的状态，而企业的经营实际上是连续的、动态的。因此，要将企业的静态数据和动态变化结合在一起分析，这时候就需要用到现金流量表。

运用现金流量表分析企业的偿债能力，最简单、最直接的方法就是看期初现金余额加上本期全部现金收支结余能否满足本期需偿还债务。如果不能满足，则说明偿债能力可能存在问题。当然这并不代表企业马上就会陷入困境，因为某些债务是可以延期的，比如应付账款。在实践中，通常会用更加客观和准确的指标来对企业的偿债能力进行量化和分析，如现金流量比率、现金流动负债比率、现金到期债务比率、现金负债总额比率。

11.3.1　现金流量比率

现金流量比率＝经营活动现金净流量 ÷ 流动负债

这一指标反映企业的短期偿债能力。对债权人来说，现金流量比率越高越好，当它大于 1 时，说明企业即使不动用其他资产，如存货、应收账款等，光靠手中的现金就足以偿还流动负债，这当然最好不过。然而，对企业而言，过高的现金比率虽增强了偿债能力，却也可能导致资金过多滞留于低盈利的现金资产上，牺牲了潜在的盈利能力。因此，企业通常寻求一个平衡点，确保偿债能力的同时，不过度牺牲盈利机会。

11.3.2　现金流动负债比率

现金流动负债比率＝现金及现金等价物余额 ÷ 流动负债期末合计

现金流动负债比率，通过比较现金及现金等价物余额与流动负债期末总额，从现金流动的动态视角评估企业的实际偿债能力，反映了经营活动产生的现金净流量对流动负债的覆盖倍数。一般而言，该比率超过 1，表明企业有足够的现金流来偿还流动负债。但同样，过高的比率可能意味着企业未能有效利用流动资金，影响了盈利能力。

现金及现金等价物余额，作为衡量公司资产流动性的基准，可通过现金流量表中的"现金期末余额"与"现金等价物期末余额"之和计算得出，这两项数据通常可在现金流量表的补充资料中找到。

11.3.3　现金到期债务比率、现金负债总额比率

现金到期债务比率＝经营活动现金流量净额 ÷ 到期债务总额

该指标反映了企业利用经营活动产生的现金流量偿付即将到期债务的能力。比率越高，表明企业的资金流动性越好，到期偿还债务的能力也就越强。这一比率凸显了经营活动对企业的重要性，因为公司的债务很大程度上依赖于经营活动产生的现金净流量来偿还。

经营活动现金流量净额排除了其他资金来源（如借款）偿还债务的情况，专门用于衡量企业通过经营活动独立创造资金偿还债务的能力，同时也反映了企业的持续经营和再举债能力。到期债务额通常包括应付票据、银行或其他金融机构的短期借款、到期的应付债券以及到期的长期借款等，这些由本期期末资产负债表上相关项目的期末数确定。

现金负债总额比率＝经营活动产生的现金流量／全部债务

该指标用于评估企业用经营活动产生的现金净额偿还全部债务的能力。全部债务包括流动负债和长期负债。企业可以根据自身情况，选择那些确实需要偿还的债务项目列入"全部债务"中。这一比率越高，说明企业举借新债的能力越强。

需要注意的是，在利用现金到期债务比率和现金负债总额比率进行分析时，必须确保经营活动产生的现金净流量大于 0，否则这两个比率将失去意义，因为无法用负值或零来谈论偿还债务的能力。

老板财务笔记 🖋

> 　　分析企业偿债能力，其实就是看企业靠经营创造现金流的能力。在看现金流量表时，首先应关注企业经营活动产生的净现金流量的大小，即现金总结余是否足以覆盖总债务；其次，应将现金流量净额与其他数据相结合进行进一步的量化对比。

11.4　发展潜力分析：
如何通过销售和资产的增长情况评估公司的发展能力

企业的发展能力，也称企业的成长性。无论是增强企业的盈利能力、偿债能力，还是提高资产营运效率，都是为了提高企业的发展能力，也就是说，发展能力是盈利能力、营运能力和偿债能力的综合体现。所以，要全面衡量企业的价值，应着眼于从动态的角度分析和预测企业的发展潜能。

衡量企业发展能力的指标主要有销售（营收）增长率、总资产增长率、营业利润增长率和资本保值增值率4个指标。仍以强盛公司2022年12月的资产负债表和利润表来分析说明。

11.4.1　销售（营收）增长率

销售增长率 =（本年销售额 - 上年销售额）÷ 上年销售额 ×100%

该指标用于衡量企业销售收入的增减变动情况，是评估企业经营状况、市场占有能力以及预测业务拓展趋势的重要指标。通常情况下，销售增长率越高，表明企业销售增长速度越快，市场前景越乐观。已知强盛公司2021年的营业收入为4 497 762元，而2022年的销售增长率为19%，行业平均水平为10% ～ 30%。结合预收账款的增长情况，可以看出强盛公司在2022年市场占有率有所提升，行业话语权得到增强，未来发展趋势看好。为了进行更全面的分析，还可以考虑公司历年的销售水平以及影响发展的潜在因素。

11.4.2　总资产增长率

总资产增长率 =（年末资产总额 - 年初资产总额）÷ 年初资产总额 ×100%

此指标反映了企业资产规模的增长情况。数值越高，表明企业在一定时期内资产经营规模的扩张速度越快。根据数据计算，强盛公司的总资产增长率为10%，而该数值在5% ～ 10% 范围内通常被认为是健康的。这表明强盛公司在 2022 年资产规模扩张较快，为企业的发展提供了强劲的后劲和推力。同时，通过对公司流动资产的分析，可以看出其资产结构整体合理，说明公司在保证资产质量的前提下实现了稳步扩张。

11.4.3　营业利润增长率

营业利润增长率 =（本年营业利润 - 上年营业利润）÷ 上年营业利润总额 ×100%

该指标用于衡量企业营业利润的增减变动情况。已知强盛公司 2021 年的营业利润为 590 311 元，而 2022 年的营业利润增长率为 18%，与营收增长率 19% 基本保持一致，且高于同业平均水平 6% ～ 10%。在评估企业盈利能力时，营业利润率和毛利率具有相似的性质，但营业利润率相对更笼统。为了更全面地评估企业的主业盈利能力，可以将营业利润率和毛利率进行综合对比。此前计算显示，强盛公司的毛利率约为 30%，也高于同业平均水平。这表明公司的市场竞争力和盈利水平均优于竞争对手，未来发展前景向好。

11.4.4　资本保值增值率

资本保值增值率 = 期末所有者权益 ÷ 期初所有者权益 ×100%

该指标主要反映企业资本的运营效益与安全状况。根据附录数据计算，强盛公司的资本保值增值率为 115%，这意味着公司在 2022 年的经营中不仅实现了资本的保值，还实现了 15% 的增值。这表明公司的资本保全状况良好，所有者权益增长较快，从而也为债权人的债务提供了更好的保障。当然，在实际分析中，我们还需要考虑某些客观因素对所有者权益的影响，如投资者追加投资、资本溢价、接受捐赠等导致的实收资本或资本公积增加。

综上所述，可以看出强盛公司 2022 年的经营状况比较健康，资产规模稳中有升，资本保全状况良好，未来发展趋势较好。

老板财务笔记

企业要实现长期稳定发展，除了具备盈利能力和偿债能力外，还需要拥有良好的发展潜力。衡量企业发展能力的主要指标包括销售（营收）增长率、总资产增长率、营业利润增长率和资本保值增值率。这些指标分别用于考察企业的市场占有率、资产增长规模、产品利润变动以及资本保全状况。

附录

附表 1　强盛公司 2022 年 12 月资产负债表

编制单位：强盛公司　　　　　　　　2022 年 12 月　　　　　　　　单位：元

资产	行次	期末余额	年初余额	负债和所有者权益	行次	期末余额	年初余额
流动资产				流动负债			
货币资金	1	3 143 615.64	3 401 208.44	短期借款	31	——	——
短期投资	2	——	——	应付票据	32	——	——
应收票据	3	65 920.65	45 780.00	应付账款	33	1 037 245.61	549 875.68
应收账款	4	2 555 484.75	1 766 439.36	预收账款	34	1 412 913.04	1 270 935.85
预付账款	5	419 530.00	328 450.00	应付职工薪酬	35	48 514.46	23 145.82
应收股利	6	——	——	应交税费	36	46 143.24	32 444.31
应收利息	7	——	——	应付利息	37	——	——
其他应收款	8	120 000.00	160 000.00	应付利润	38	——	——
存货	9	430 000.00	650 000.00	其他应付款	39	815 169.90	1 099 345.77
其中：原材料	10	430 000.00	650 000.00				
在产品	11	——	——				
库存商品	12	——	——				
周转材料	13	——	——				
其他流动资产	14			其他流动负债	40	——	——
流动资产合计	15	6 734 551.04	6 351 877.8	流动负债合计	41	3 359 986.25	2 975 747.43
非流动资产：				非流动负债：			
长期债券投资	16	——	——	长期借款	42	1 800 000.00	1 800 000.00

续表

资产	行次	期末余额	年初余额	负债和所有者权益	行次	期末余额	年初余额
长期股权投资	17	—	—	长期应付款	43	—	—
固定资产原价	18	1 463 648.79	1 087 461.42	递延收益	44	—	—
减：累计折旧	19	483 450.11	434 984.57	其他非流动负债	45	—	—
固定资产账面价值	20	980 198.68	652 476.85	非流动负债合计	46	1 800 000.00	1 800 000.00
在建工程	21	—	—	负债合计	47	5 159 986.25	4 775 747.43
工程物资	22	—	—				
固定资产清理	23	—	—				
生产性生物资产	24	—	—	所有者权益（或股东权益）			
无形资产	25	—	—	实收资本（或股本）	48	2 000 000.00	2 000 000.00
开发支出	26	—	—	资本公积	49	—	—
长期待摊费用	27	—	—	盈余公积	50	99 998.26	31 484.06
其他非流动资产	28	—	—	未分配利润	51	454 765.20	197 123.16
非流动资产合计	29	980 198.68	652 476.85	所有者权益（或股东权益）合计	52	2 554 763.47	2 228 607.22
资产合计	30	7 714 749.72	7 004 354.65	负债和所有者权益（或股东权益）	53	7 714 749.72	7 004 354.65

附表 2　强盛公司 2022 年 12 月利润表

编制单位：强盛公司　　　　　　　2022 年 12 月　　　　　　　单位：元

项目	行次	本年累计金额	本期金额
一、营业收入	1	5 339 170.00	552 575.91
减：营业成本	2	3 751 025.50	382 097.62
税金及附加	3	14 480.35	1 679.65
销售费用	11	340 142.11	75 696.10
管理费用	14	499 390.05	62 738.00
财务费用	18	38 441.91	7 479.44
二、营业利润（亏损以"-"号填列）	21	695 690.08	22 885.10
加：营业外收入	22	25 512.07	2 782.20
减：营业外支出	24	—	—
三、利润总额（亏损总额以"-"号填列）	30	721 202.15	25 667.30
减：所得税费用	31	36 060.11	1 283.37
四、净利润（净亏损以"-"号填列）	32	685 142.04	24 383.93

———— 重 新 定 义 思 想 之 美 ————